内村　鑑三
うちむら　かんぞう

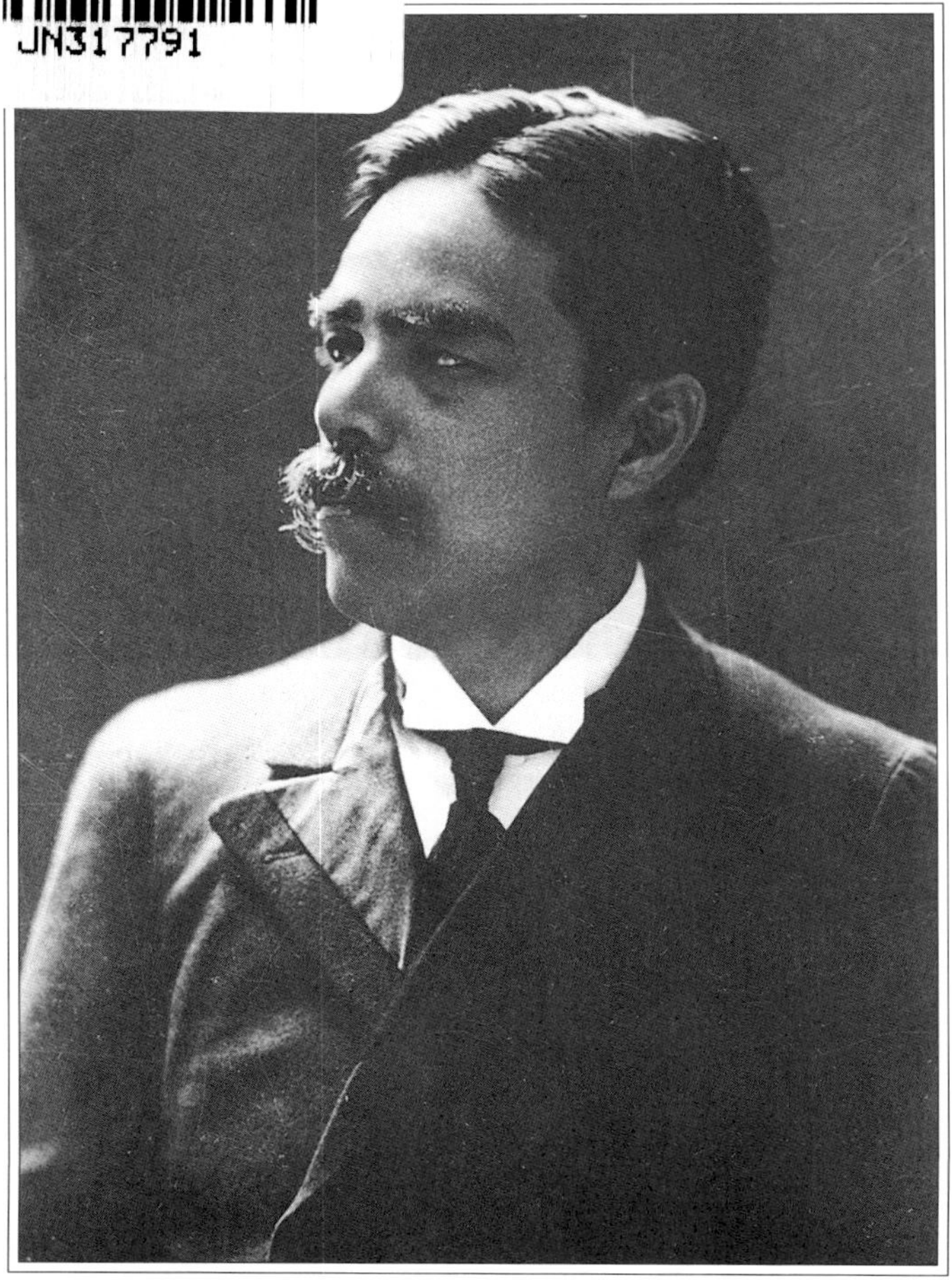

目次

後世への最大遺物

（夏期演説）

はしがき

この小冊子は明治二十七年七月相州《そうしゅう》箱根《はこね》駅において開設せられしキリスト教徒第六夏期学校において述べし余《よ》の講話を同校委員諸氏の承諾《しょうだく》を得てここに印刷に付せしものなり。

事、キリスト教と学生とに関すること多し、しかれどもまた多少一般の人生問題を論究せざるに非《あら》ず、これけだし余の親友京都便利堂《べんりどう》主人がしいてこれを発刊せしゆえなるべし、読者の寛容《かんよう》を待つ。

明治三十年六月二十日

東京青山において

内　村　鑑　三

相州　相模国《さがみのくに》。神奈川県。

再版に付する序言

一篇《ぺん》のキリスト教的演説、別にこれを一書となすの必要なしと思いしも前発行者の勧告《かんこく》により、印刷に付して世に公にせしにすでに数千部を出《いだ》すに至れり、ここにおいて余はその多少世道人心を裨益《ひえき》することあるを信じ今また多くの訂正《ていせい》を加えて、再版に付することとはなしぬ、もしこの小冊子にしてなお新福音《ふくいん》を宣伝するの機械となるを得《う》ば余の幸福何ぞこれに如《し》かん。

明治三十二年十月三十日

東京角筈《つのはず》村において

内　村　鑑　三

機械　手段。

東京角筈村　現在の東京都新《しん》宿《じゅく》区角筈。

改版に付する序

この講演は明治二十七年、すなわち日清《にっしん》戦争のあった年、すなわち今より三十一年前、私がまだ三十三歳《さい》の壮年《そうねん》であった時に、海老名弾正《えびなだんじょう》君司会のもとに、箱根山上《はこね》、蘆《あし》の湖の畔《ほとり》においてなしたものであります。その年に私の娘《むすめ》のルツ子が生まれ、私は彼女《かのじょ》を彼女の母とともに京都の寓居《ぐうきょ》に残して箱根へ来て講演したのであります。その娘はすでに世を去り、またこの講演を一書となして初めて世に出した私の親友京都便利堂《べんりどう》主人中村弥左衛門《なかむらやざえもん》君もツイこのごろ世を去りました。その他この書成って以来の世の変化は非常であります。多くの人がこの書を読んで志を立てて成功したと聞きます。そのうちに私と同じようにキリスト信者になった者も少なくないとのことであります。そして彼《かれ》らのうちのある者は早くすでに立派にキリスト教を「卒業」して今は背教者をもって自ら任ずる者もあります。またはこの書によって信者にな

海老名弾正
（一八五六—一九三七）
牧師、思想家。

りて、キリスト教的文士となりて、その攻撃の鉾《ほこ》を著者なる私に向ける人もあります。実に世はさまざまであります。そして私は幸いにして今日まで生《いき》存《なが》らえて、この書に書いてあることに多く違《たが》わずして私の生涯《しょうがい》を送ってきたことを神に感謝します。この小著そのものが私の「後世への最大遺物」の一つとなったことを感謝します。しかし生死ある人生に無死の生命を得《う》るの途《みち》が供えてあります。「天地無始終《てんちしじゅうなく》、人生有生死《じんせいせいしあり》」であります。天地は失《う》せても失せざるものがあります。そのものを幾分《いくぶん》なりと握《にぎ》るを得て生涯は真の成功であり、また大なる満足であります。私は今より更《さら》に三十年生きようとは思いません。しかし過去三十年間生き残ったこの書は今よりなお三十年あるいはそれ以上に生き残るであろうとみてもよろしかろうと思います。終わりに臨《のぞ》んで私はこの小著述をその最初の出版者たる故中村弥左衛門君に献《けん》じます。君の霊《れい》の天にありて安からんことを祈《いの》ります。

大正十四年（一九二五年）二月二十四日

東京市外柏木《かしわぎ》において

内　村　鑑　三

第一回

時は夏でございますし、処《ところ》は山の絶頂でございます。それでここで私が手を振《ふ》り足を飛ばしまして私の血に熱度を加えて、諸君の熱血をここに注ぎ出すことはあるいは私にできないことではないかもしれません、しかしこれは私の好まぬところ、また諸君もあまり要求しないところだろうと私は考えます。それでキリスト教の演説会で演説者が腰《こし》を掛《か》けて話をするのはたぶんこの講師が嚆矢《こうし》であるかもしれない（満場大笑）、しかしながらもしこうすることが私の目的に適《かな》うことでござりますれば、私は先例を破ってここであなたがたとゆっくり腰を掛けてお話をしてもかまわないと思います。これもまた破壊《はかい》党の所業だと思《おぼ》しめされてもよろしゅうございます（拍手喝采《はくしゅかっさい》）。

そこで私は「後世への最大遺物《いぶつ》」という題を掲《かか》げておきました。もしこのことについて私の今まで考えましたことと今感じますることとをみな述べまするならば、いつもの一時間より長くなるかもしれませぬ。もし長くなって

山の絶頂　この講演が行われている箱根《はこね》芦《あし》ノ湖畔《こはん》のこと。

嚆矢　最初。

破壊党　かつて「不敬事件」を起こした内村自身のこと（解説参照）。

つまらなくなったなら勝手にお帰りなすってください、私もまたくたびれましたならばあるいは途中で休みを願うかもしれませぬ。もしあまり長くなりましたならば、明朝の一時間も私の戴《いただ》いた時間でございますからその時に述べるかもしれませぬ。ドウゾこういう清い静かな所にありまする時には、東京やまたはその他の騒《さわ》がしい所でみな気の立っている所でするような騒がしい演説を私はしたくないです。私はここで諸君と膝《ひざ》を打ち合わせて私の所感そのままを演説し、また諸君の質問にも応じたいと思います。

この夏期学校に来ますついでに私は東京に立ち寄り、その時私の親爺《おやじ》と詩の話をいたしました。親爺が山陽《さんよう》の古い詩を出してくれました。私が初めて山陽の詩を読みましたのは、親爺からもらったこの本でした（本を手に持って）。で、この夏期学校に来るついでに、その山陽の本を再び持ってきました。その中に私の幼《ちい》さい時に私の心を励《はげ》ました詩がございます。その詩は諸君もご承知のとおり山陽の詩の一番初めに載《の》っている詩でございます、「十有三春秋《じゅういうさんしゅんじゅう》、逝者已如水《ゆくものはすでにみづのごとし》、天地無始終《てんちしじゅうなく》、人生有生死《じんせいせいしあり》、安得類古人《いづくんぞこじんにるいして》、千載列青史《せんざいせいしにれっするをえん》」。有名の詩でございます、山陽が十三の時に作った詩でご

山陽　頼山陽《らいさんよう》（一七八〇—一八三二）。江戸《えど》時代中期の儒者《じゅしゃ》・史家。

「十有三春秋……」　山陽作「日本楽府」中の詩句。

私の希望を話しますると、「あなたはそんな希望をもってはいけませぬ、そのようなことはそれは欲心でござります、それはあなたのまだキリスト教に感化されないところの心から起こってくるのです。」というようなことを聞かされないではなかった。私は諸君たちもソウいうような考えにどこかで出会ったことはないことはないだろうと思います。なるほど千載青史《せんざいせいし》に列するを得んということは、考えのいたしようによってはまことに下等なる考えであるかもしれませぬ。我々が名をこの世の中に遺《のこ》したいというのでござります。この一代のわずかの生涯《しょうがい》を終わってそのあとは後世の人に我々の名を褒《ほ》めたってもらいたいという考え、それはなるほどある意味からいいますると私どもにとってはもってはならない考えであると思います。ちょうどエジプトの昔の王様が己《おのれ》の名が万世に伝わるようにと思うてピラミッドを作った、すなわち世の中の人に彼《かれ》は国の王であったということを知らしむるために万民の労力を使役《しえき》して大きなピラミッドを作ったというようなことは、実にキリスト信者としてはもつべからざる考えだと思われます。有名な天下の糸平が死ぬ時の遺言《ゆいごん》は「己のために絶大の墓を立てろ。」ということであったそうだ。

天下の糸平　田中平八（一八三七—一八八三）。生糸の貿易商。

そうしてその墓には天下の糸平と誰《だれ》か日本の有名なる人に書いてもらえと遺言した。それで諸君が東京の牛《うし》の御前《ごぜ》に往《い》ってごらんなさると立派な花崗石《かこうせき》で伊藤博文《いとうひろぶみ》さんが書いた「天下之《の》糸平」という碑《ひ》が建っております。それはその千載にまで天下の糸平をこの世の中に伝えよと言うた糸平の考えは、私はクリスチャン的の考えではなかろうと思います。またそういう例がほかにもたくさんある。このあいだアメリカのある新聞で見ましたに、ある貴婦人で大金持ちの寡婦《やもめ》が、「私はドウゾ死んだ後に私の名を国人に覚えてもらいたい、しかし自分の持っている金を学校に寄付するとかあるいは病院に寄付するとかいうことは普通《ふつう》の人のなすところなれば、私は世界じゅうにないところの大なる墓を作ってみたい、そうして千載に記憶《きおく》されたい。」という希望を起こした。先日その墓が成ったそうでございます。ドンナに立派な墓であるかは知りませぬけれども、その計算に驚《おどろ》いた、二百万ドルかかったというのでござります。二百万ドルの金をかけて自分の墓を建ったのは確かにキリスト教的の考えではございません。

しかしながらある意味からいいますれば、千載青史に列するを得んという

牛の御前　東京の隅田《すみだ》川河畔にある牛島《うしじま》神社。

伊藤博文　（一八四一—一九〇九）政治家。

考えは、私はそんなに悪い考えではない、ないばかりでなくそれは本当の意味にとってみまするならば、キリスト教信者がもってもよい考えでございまして、それはキリスト信者がもつべき考えではないかと思います、なお、我々の生涯《しょうがい》の解釈《かいしゃく》から申しますると、この生涯は我々が未来に往《い》く階段である。ちょうど大学校に入る前の予備校である。もし我々の生涯がわずかこの五十年で消えてしまうものならば実につまらぬものである。私は未来永遠に私を準備するためにこの世の中に来て、私の流すところの涙《なみだ》も、私の心を喜ばしむるところの喜びも、喜怒哀楽《きどあいらく》のこの変化というものは、私の霊魂《れいこん》をだんだんと作り上げて、ついに私は死なない人間となってこの世を去ってから、もっと清い生涯をいつまでも送らんとするは私のもっておる確信でございます。しかしながらそのことは純粋《じゅんすい》なる宗教問題でございまして、それは私の今晩あなたがたにお話をいたしたいことではございません。

　しかしながら私にここに一つの希望がある。この世の中をズット通り過ぎて安らかに天国に往き、私の予備学校を卒業して天国なる大学校に入ってしまったならば、それでたくさんかと己《おのれ》の心に問うてみると、そのときに私の

大学校に入る前の予備校
　当時はまず「予備学校」で学問の訓練を受けた上で大学に入学した。

心に清い欲が一つ起こってくる。すなわち私に五十年の命をくれたこの美しい地球、この美しい国、この楽しい社会、この我々を育ててくれた山、河、これらに私が何も遺《のこ》さずには死んでしまいたくない、との希望が起こってくる。ドウゾ私は死んでからただに天国に往くばかりでなく、私はここに一つの何かを遺して往きたい。それで何も必ずしも後世の人が私を褒《ほ》めたってくれいというのではない、私の名誉《めいよ》を遺したいというのではない、ただ私がドレほどこの地球を愛し、ドレだけこの世界を愛し、ドレだけ私の同胞《どうほう》を思ったかという記念物をこの世に置いて往きたいのである、すなわち英語でいうMemento《メメント》を残したいのである。こういう考えは美しい考えであります。私がアメリカにおりましたときにも、その考えがたびたび私の心に起こりました。私は私の卒業した米国の大学校を去る時に、同志とともに卒業式の当日に愛樹を一本校内に植えてきた。これは私が四年も育てられた私の学校に私の愛情を遺しておきたいためであった。なかには私の同級生で、金のあった人はそればかりでは満足しないで、あるいは学校に音楽堂を寄付するもあり、あるいは書籍館《しょせきかん》を寄付するもあり、あるいは運動場を寄付するもありました。

しかるに今我々は世界というこの学校を去りまするときに、我々は何もここに遺《のこ》さずに往《い》くのでござりますか。その点からいうとやはり私には千載青史《せんざいせいし》に列するを得んという望みが残っている。私は何かこの地球にMemento《メメント》を置いて逝《ゆ》きたい、私がこの地球を愛した証拠《しょうこ》を置いて逝きたい、私が同胞《どうほう》を愛した記念碑《ひ》を置いて逝きたい。それゆえにお互《たが》いにここに生まれてきた以上は、我々が喜ばしい国に往くかもしれませぬけれども、しかし我々がこの世の中にある間は、少しなりともこの世の中を善《よ》くして往きたいです。この世の中に我々のMementoを遺して逝きたいです。有名なる天文学者のハーシェルが二十歳《さい》ばかりの時に彼《かれ》の友人に語って「わが愛する友よ、我々が死ぬ時には、我々の生まれた時より世の中を少しなりともよくして往こうではないか。」と言うた。実に美しい青年の希望ではありませんか。「この世の中を、私が死ぬ時は、私の生まれた時よりは少しなりともよくして逝こうじゃないか。」と。ハーシェルの伝記を読んでごらんなさい。彼はこの世の中を非常によくして逝った人であります。今まで知られない天体を全く描《えが》いて逝った人であります。南半球の星を、何年間かアフリカの希望峰《きぼうほう》植民地に行

ハーシェル（一七三八―一八二二）イギリスの天文学者。

きまして、スッカリ図に載《の》せましたゆえに、今日の天文学者の知識はハーシェルによってドレだけ利益を得たかしれない。それがために航海が開け、商業が開け、人類が進歩し、ついには宣教師を外国にやることができ、キリスト教伝播《でんぱ》の直接間接の助けにドレだけなったかしれませぬ。我々もハーシェルと同じに互いにみな希望Ambition《アムビション》を遂《と》げとうはござりませぬか。我々が死ぬまでにはこの世の中を少しなりとも善くして死にたいではありませんか。何か一つ事業を成し遂げて、できるならば我々の生まれた時よりもこの日本を少しなりとも善くして逝きたいではありませんか。この点については我々皆《みな》々同意であろうと思います。

それでこの次は遺物《いぶつ》のことです。何を置いて逝こう、という問題です。何を置いて我々がこの愛する地球を去ろうかというのです。そのことについて私も考えた、考えたばかりでなくたびたびやってみた。何か遺したい希望があってこれを遺そうと思いました。それで後世への遺物もたくさんあるだろうと思います。それを一々お話しすることはできないことでござります。けれども、この中に第一番に我々の思考に浮《う》かぶものからお話をいたしたいと思います。

　後世へ我々の遺《のこ》すものの中にまず第一番に大切のものがある。何であるかというと金です。我々が死ぬときに遺産金を社会に遺して逝《い》く、己《おのれ》の子供に遺して逝くばかりでなく、社会に遺して逝くということです、それは多くの人の考えにあるところではないかと思います。それでソウいうことをキリスト信者の前に言いまするど、金を遺すなどということは実につまらないことではないかという反対がジキに出るだろうと思います。私は覚えております。明治十六年に初めて札幌《さっぽろ》から山男になって東京に出てきました。その時分に東京には奇体《きたい》な現象があって、それを名づけてリバイバルというたのです。その時分私は後世に何を遺さんかと思っておりしかというに、私は実業教育を受けたものであったから、もちろん金を遺したかった、億万の富を日本に遺して、日本を救ってやりたいという考えをもっておりました。自分には明治二十七年になったら、夏期学校の講師に選ばれるという考えは、その時分にはチットもなかったのです（満場大笑）。金を遺したい、金満家になりたい、という希望をもっておったのです。ところがこのことをあるリバイバ

リバイバル　多くのキリスト信徒が熱心な信《しん》仰《こう》に目覚め、盛んに伝道し、回心者が多く起こされる現象。

ルに非常に熱心の牧師先生に話したところが、その牧師さんに私は非常に叱《しか》られました。「金を遺したい、というイクジのない、そんなものはドウにもなるから、君は福音《ふくいん》のために働きたまえ。」と言うて戒《いまし》められた。しかし私はその決心を変更《へんこう》しなかった。今でも変更しない。金を遺すものを賤《いや》しめるような人はやはり金のことに賤しい人であります。吝嗇《けち》な人であります。金というものは、ここで金の価値について長い講釈《こうしゃく》をするには及《およ》びませぬけれども、しかしながら金というものの必要は、あなたがた十分に認めておいでなさるだろうと思います。金は宇宙のものであるから、金というものはいつでもできるものだと言う人に向かって、フランクリンは答えて「そんなら今こしらえてみたまえ。」と申しました。それで私に金などは要《い》らないと言うた牧師先生はドウいう人であったかというに、後で聞いてみると、やはりずいぶん金を欲しがっている人だそうです。それで金というものは、いつでも得られるものであるということは、我々が始終もっている考えでござりますけれども、実際金の要るときになってから金というものは得るに非常にむずかしいものです。そうしてあるときは富というものは、どこでも得られるように、空中

フランクリン（一七〇六—九〇）アメリカの政治家・科学者。

にでも懸《か》かっているもののように思いますけれども、その富を一つに集めることのできるものは、これは非常に神の助けを受くる人でなければできないことであります。ちょうど秋になって雁《かり》は天を飛んでいる。それは誰《だれ》が捕《と》ってもよい。しかしその雁を捕ることはむずかしいことであります。人間の手に雁が十羽なり二十羽なり集まってあるならば、それに価値があります。すなわち、手の内の一羽の雀《すずめ》は木の上におるところの二羽の雀より貴《たっと》い、というのはこのことであります。そこで金というものは宇宙に浮《う》いているようなものでござりますけれども、しかしながらそれを一つにまとめて、そうして後世の人がこれを用いることができるように溜《た》めて往《ゆ》かんとする欲望が諸君のうちにあるならば、私は私の満腔《まんこう》の同情をもって、イエス・キリストの御《み》名《な》によって、父なる神の御名によって、聖霊《せいれい》の御名によって、教会のために、国のために、世界のために、「君よ、金を溜めたまえ。」と言うて、このことをその人に勧《すす》めるものです。富というものを一つにまとめるということは一大事業です。それで我々の今日の実際問題は社会問題であろうと、教会問題であろうと、青年会問題であろうと、教育問題であろうとも、それを煎《せん》じつめてみれば、やはり金銭問題です。ここに至って誰が金が不用だなぞというものがありますか。ドウゾ、キリスト信者の中に金持ちが起こってもらいたいです、実業家が起こってもらいたいです。我々の働くときに、我々の後ろ楯《だて》になりまして、われわれの心を十分にわかった人が我々を見継《みつ》いでくれるということは、我々の目下の必要でござります。それで金を後世に遺《のこ》そうという欲望をもっているところの青年諸君が、そのほうに向かって、神の与《あた》える方法によって、我々の子孫にたくさん金を遺してくださらんことを、私は実に祈《いの》ります。アメリカの有名なるヒラデルヒアのジラードというフランスの商人が、アメリカに移住しまして、建てた孤児院《こじいん》を、私は見ました。これは世界第一番の孤児院です。およそ小学生徒くらいのものが七百人ばかりおります。中学大学くらいまでの孤児をズッとならべますならば、たぶん千人以上のように覚えました。その孤児院の組織を見まするに、我々の今日《こんにち》日本にあるところの孤児院のように、寄付金の足らないために事業が差《さ》し支《つか》えるような孤児院ではなくして、ジラードが生涯《しょうがい》かかって溜めた金をことごとく投じて建てたものです。ジラードの生涯を書いたものを読んでみますると、

ヒラデルヒヤ
アメリカ北東部、ペンシルヴァニア州東部の都市。

ジラード
(一七五〇—一八三一)フランス生まれのアメリカの実業家・銀行家。

なんでもない、ただその一つの目的をもって金を溜《た》めたのです。彼《かれ》に子供はなかった、妻君も早く死んでしまった。「妻はなし、子供はなし、私には何も目的はない。けれども、ドウカ世界第一の孤児院《こじいん》を建ってやりたい。」と言うて、一生懸命《けんめい》に働いてこしらえた金で建てた孤児院でござります。その時分はアメリカ開国の早いころでありましたから、金の溜め方が今のように早くゆかなかった。しかし一生涯《しょうがい》かかって溜めたところのものは、おおよそ二百万ドルばかりでありました。それをもってペンシルバニヤ州に人の気のつかぬ地面をたくさん買った。それで死ぬときに、「この金をもって二つの孤児院を建てろ、一つはおれを育ててくれた所のニューオルレンスに建て、一つはおれの住んだ所のヒラデルヒアに建てろ。」と申しました。それで妙《みょう》な癖《くせ》があった人とみえまして、教会というものをたいそう嫌《きら》ったのです。それで「おれは別にこの金を使うことについて条件はつけないけれども、おれの建ったところの孤児院の中に、デノミネーションすなわち宗教の教師は誰《だれ》でも入れてはならぬ。」という稀代《きたい》な条件をつけて死んでしまった。それゆえに、今でもメソジストの教師でも、監督《かんとく》教会の教師でも、組合教会の教師でもこ

ニューオルレンス
アメリカ南部、ルイジアナ州の都市。

の孤児院には入ることはお気の毒でございますけれどもできませぬ（大笑）。そのほかは誰でもそこに入ることができる。それでこの孤児院の組織のことは長いことでございますから、今ここにお話し申しませぬけれども、前に述べた二百万ドルをもって買い集めましたところの山です。それが今日のペンシルバニヤ州における石炭と鉄とを出す山でございます。実に今日の富はほとんど何千万ドルであるかわからない。今はどれだけ事業を拡張してもよい、ただただ拡張する人がいないだけです。それでもし諸君のうち、ヒラデルヒアに往《い》くかたがあれば、一番にまずこの孤児院を往って見ることをお勧《すす》め申します。

また有名なる慈善家《じぜんか》ピーボデーはいかにして彼の大業を成したかと申しまするに、彼が初めてベルモントの山から出る時には、ボストンに出て大金持ちになろうという希望をもっておったのでございます。彼は一文なしで故郷を出てきました。それでボストンまではその時分はもちろん汽車はありませんし、また馬車があっても無銭《ただ》では乗れませぬから、ある旅籠屋《はたごや》の亭主《ていしゅ》に向かい、「私はボストンまで往かなければならぬ。しかしながら日が暮れて困

ピーボデー（一七九五―一八六九）アメリカの実業家・慈善家。

るから今夜泊《と》めてくれぬか。」と言うたら、旅籠屋《はたごや》の亭主《ていしゅ》が、可愛想《かわいそう》だから泊めてやろう、と言うて喜んで引き受けた。けれどもそのときにピーボデーは旅籠屋の亭主に向かって「無銭《ただ》で泊まることは嫌《いや》だ、何かさしてくれるならば泊まりたい。」と言うた。ところが旅籠屋の亭主は「泊まるならば自由に泊まれ。」と言うた。しかしピーボデーは、「それではすまぬ。」と言うた。そうして家を見わたしたところが、裏《うら》に薪《たきぎ》がたくさん積んであった。それから「御厄介《ごやっかい》になる代わりに、裏の薪を割らしてください。」と言うて旅籠屋の亭主の承諾《しょうだく》を得て、昼過ぎかかって夜まで薪を挽《ひ》き、これを割り、たいていこのくらいで旅籠賃に足ると思うくらいまで働きまして、そうして後《のち》に泊まったということであります。そのピーボデーは彼《かれ》の一生涯《しょうがい》を何に費《つい》やしたかというと、何百万ドルという高は知っておりませぬけれども、金を溜《た》めて、ことに黒奴《こくど》の教育のために使った。今日アメリカにおります黒奴がたぶん日本人と同じくらいの社交的程度に達しておりますのは何であるかというに、それはピーボデーのごとき慈善家《じぜんか》の金の結果であるといわなければなりません。私は金のためにはアメリカ人は大変弱い、アメリカ人は金のためにはだいぶ侵害《しんがい》されたる民《たみ》であるということも知っております、けれどもアメリカ人の中に金持ちがありまして、彼らが清き目的をもって金を溜めそれを清きことのために用ゆるということは、アメリカの今日の盛大をいたした大原因であるということだけは私もわかって帰ってきました。それでもし我々の中にも、実業に従事するときにこういう目的をもって金を溜める人が出てきませぬときには、本当の実業家は我々の中に起こりませぬ。そういう目的をもって実業家が起こりませぬならば、彼らはいくら起こっても国の益《えき》になりませぬ。ただただわずかに憲法発布式の時に貧乏人《びんぼうにん》に一万円……一人に五十銭か六十銭くらいの頭割りをなしたというような、ソンナ慈善はしないほうがかえってよいです。三菱《みつびし》のような何千万円というように金を溜めまして、今日まで……これから三菱は善《よ》い事業をするかと信じておりますけれども……今日まで何をしたか。彼自身が大いに勢力を得、立派な家を建て立派な別荘《べっそう》を建てましたけれども、日本の社会はそれによって何を利益したかというと、何一つとして見るべきものはないです。それでキリスト教信者が立ちまして、キリスト信徒の実業家が立ちまして、金を儲《もう》けることは己《おのれ》のために

三菱　岩崎弥太郎《いわさきやたろう》が築き上げた三菱財閥《ざいばつ》。

儲《もう》けるのではない、神の正しい道によって、天地宇宙の正当なる法則にしたがって、富を国家のために使うのであるという実業の精神が我々の中に起こらんことを私は願う。そういう実業家が今日わが国に起こらんことは、神学生徒の起こらんことよりも私の望むところでございます。今日は神学生徒がキリスト信者の中に十人あるかと思うと、実業家は一人もないです。百人あるかと思うと実業家は一人もない。あるいは千人あるかと思うと、一人おるかおらぬかというくらいであります。金をもって神と国とに事《つか》えようという清き考えをもつ青年がない。よく話に聴《き》きまするかの紀ノ国屋文左衛門《きのくにやぶんざえもん》が百万両溜《た》めて百万両使ってみようなどという賤《いや》しい考えをもたないで、百万両溜めて百万両神のために使ってみようというような実業家になりたい。そういう実業家が欲しい。その百万両を国のために、社会のために遺《のこ》して逝《い》こうという希望は実に清い希望だと思います。今日私が自身にもちたい望みです。もし自身にできるならばしたいことですが、不仕合わせにそのほうの伎倆《ぎりょう》は私にはありませぬから、もし諸君の中にその希望がありますならば、ドウゾ今の教育事業とかに従事する人たちは、「汝《なんじ》の事業は下等の事業なり。」など

紀ノ国屋文左衛門（生没年不詳《せいぼつねんふしょう》）江戸《えど》時代中期の豪商《ごうしょう》。

と言うて、その人を失望させぬように注意してもらいたい。またそういう希望をもった人は、神がその人に命じたところの考えであると思うて十分にそのことを自ら奨励《しょうれい》されんことを望む。あるアメリカの金持ちが「私は汝にこの金を譲《ゆず》り渡《わた》すが、この中に穢《きたな》い銭《ぜに》は一文《もん》もない。」と言うて子供に遺産を渡《わた》したそうですが、私どもはそういう金が欲しいのです。

それで後世への最大遺物《いぶつ》の中で、まず第一に大切のものは何であるかというに、私は金だというて、その金の必要を述べた。しかしながら何人も金を溜める力をもっておらない。私はこれはやはり一つのGenius《ジーニアス》（天才）ではないかと思います。私は残念ながらこの天才をもっておらぬ。ある人が申しまするに金を溜める天才をもっている人の耳はたいそう膨《ふく》れて下の方に垂れているそうですが、私は鏡に向かって見ましたが、私の耳はたいそう縮んでおりますから、その天才は私にはないとみえます（大笑）。私の今まで教えました生徒の中に、非常にこの天才をもっているものがある。ある奴《やつ》は北海道に一文無しで追い払《はら》われたところが、今は私に十倍もする富をもっている。「今におれが貧乏《びんぼう》になったら、君はおれを助けろ。」と言うておきました。実に金儲《もう》けは、やはりほかの職業と同じように、ある人たちの天職である。誰《だれ》にも金を儲けることができるかということについては、私は疑います。それで金儲けのことについては少しも考えを与《あた》えてはならぬところの人が金を儲けようといたしまする と、その人は非常に穢《きたな》く見えます。そればかりではない、金は後世への最大遺物《いぶつ》の一つでござりますけれども、遺《のこ》しようが悪いとずいぶん害をなす。それゆえに金を溜《た》める力をもった人ばかりでなく、金を使う力をもった人が出てこなければならない。かの有名なるグールドのように彼《かれ》は生きている間に二千万ドル溜めた。そのために彼の親友四人までを自殺せしめ、アチラの会社を引き倒《たお》し、コチラの会社を引き倒して二千万ドル溜めた。ある人の言に「グールドが一千ドルとまとまった金を慈善《じぜん》のために出したことはない。」と申しました。彼は死ぬ時にその金をどうしたかというと、ただ自分の子供にそれを分け与《あた》えて死んだだけであります。すなわちグールドは金を溜めることを知って、金を使うことを知らぬ人であった。それゆえに金を遺物としようと思う人には、金を溜める力とまたその金を使う力とがなくてはならぬ。この二つの考えのない人、この二つの考えについて

グールド　（一八三六—一八九二）アメリカの実業家・銀行家。

十分に決心しない人が金を溜めるということは、はなはだ危険のことだと思います。

さて、私のように金を溜めることの下手なもの、あるいは溜めてもそれが使えない人は後世の遺物に何を遺そうか。私はとうてい金持ちになる望みはない、ゆえにほとんど十年前にその考えをば捨ててしまった。それでもし金を遺すことができませぬならば、何を遺そうかという実際問題が出てきます。それで私が金よりもよい遺物は何であるかと考えてみますと、事業です。事業とは、すなわち金を使うことです。金は労力を代表するものでありますから、労力を使ってこれを事業に変じ、事業を遺して逝《い》くことができる。金を得る力のない人で事業家はたくさんあります。金持ちと事業家は二つ別物のように見える。商売する人と金を溜める人とは人物が違《ちが》うように見えます。大阪《おおさか》にいる人はたいそう金を使うことが上手であるが、京都にいる人は金を溜めることが上手である。東京の商人にきいてみると、金をもっている人には商売はできない、金のないものが人の金を使《つこ》うて事業をするのであると申します。純粋《じゅんすい》の事業家の成功を考えてみまするに、決して金ではない。

グールドは決して事業家ではない。バンダービルトは決して事業家ではない。バンダービルトは非常に金を作ることが上手でございました。そして彼《かれ》は他の人の事業を助けただけであります。有名のカルフォルニアのスタンホードは、大変金を儲《もう》けることが上手であった。しかしながらそのスタンホードに三人の友人がありました。その友人のことはおもしろい話でございますが、時がないからお話をしませぬけれども、金を儲けた人と、金を使う人と、種々あります。それですから金を溜《た》めて金を遺《のこ》すことができないならば、あるいは神が私に事業をなす天才を与《あた》えてくださったかも知れませぬ。もしそうならば私は金を遺すことができませぬとも、事業を遺せば十分満足します。それで事業をなすということは、美しいことであるはもちろんです。ドウいう事業がいちばん誰《だれ》にもわかるかというと土木的の事業です。私は土木学者ではありませぬけれども、土木事業を見ることが非常に好きでございます。一つの土木事業を遺すことは、実に我々にとっても快楽であるし、また永遠の喜びと富とを後世に遺すことではないかと思います。今日も船に乗って、湖水の向こうまで往《ゆ》きました。その南の方に当たって水門がある。その水門

バンダービルト（一七九四―一八七七）アメリカの運輸《うんゆ》業者。

スタンホード（一八二四―九三）アメリカの実業家・政治家。

というは、山の裾《すそ》をくぐっている一つの隧道《ずいどう》であります。その隧道を通って、この湖水の水が沼津《ぬまづ》の方に落ちまして、二千石《ごく》ないし三千石の田地を灌漑《かんがい》しているということを聞きました。昨日ある友人に会うて、あの穴を掘《ほ》った話を聞きました。その話を聞いたときに私は実に嬉《うれ》しかった。あの穴を掘った人は今からちょうど六百年も前の人であったろうということでござりますが、誰が掘ったかわからない。ただこれだけの伝説が遺っているのでござります。すなわち箱根《はこね》のある近所に百姓《ひゃくしょう》の兄弟があって、まことに沈着《ちんちゃく》であって、その兄弟が互《たが》いに相語《あい》って言うに、「我々はこのありがたき国に生まれてきて、何か後世に遺して逝《ゆ》かなければならぬ、それゆえに何か我々にできることをやろうではないか。」と。しかし兄なる者は言うた。「我々のような貧乏人《びんぼうにん》で、貧乏人には何も大事業を遺して逝くことはできない。」と言うと、弟が兄に向かって言うには、「この山をくり抜《ぬ》いて湖水の水をとり、水田を興《おこ》してやったならば、それが後世への大なる遺物《いぶつ》ではないか。」と言うた。兄は「それは非常におもしろいことだ、それではお前は上の方から掘れ、おれは下の方から掘ろう。一生涯《しょうがい》かかってもこの穴を掘ろうじゃないか。」と言って掘り始め

二千石　一石は約一八〇リットル。

た。それでドウいうふうにしてやりましたかというと、そのころは測量器械もないから、山の上に標《しるし》を立って、両方から掘《ほ》っていったとみえる。それから兄弟が生涯《しょうがい》かかって何もせずに……たぶん自分の職業になるだけの仕事はしたでございましょう……兄弟して両方からして、毎年毎年掘っていった。何十年でございますか、その年は忘れましたけれども、下の方から掘ってきたものは、湖水の方から掘っていった者の四尺上に往《い》ったそうでござります。四尺上に往きましたけれどもご承知のとおり、水は高うござりますから、やはり竜吐水《りゅうどすい》のように向こうの方によく落ちるのです。生涯かかって人が見ておらないときに、後世に事業を遺《のこ》そうというところの奇特《きとく》の心より、二人の兄弟はこの大事業をなしました。人が見てもくれない、褒《ほ》めてもくれないのに、生涯を費《つい》やしてこの穴を掘ったのは、それは今日に至っても我々を励《はげ》ます所業ではありませぬか。それから今の五カ村が何千石《ごく》だかドレだけ人口があるか忘れましたが、五カ村が頼朝《よりとも》時代から今日に至るまで年々米を取ってきました。ことに湖水の流れる所でありますから、旱魃《かんばつ》ということを感じたことはござりません。実にその兄弟は仕合わせの人間であったと思います。

竜吐水
江戸《えど》時代、消火用に使われたポンプ。

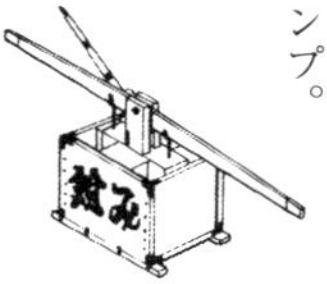

煙硝
発火の時に煙《けむり》の

もし私が何にもできないならば、私はその兄弟に真似《まね》たいと思います。これは非常な遺物《いぶつ》です。たぶん今往ってみましたならば、その穴は長さたぶん十町かそこらの穴でありましょうが、そのころは煙硝《えんしょう》もない、ダイナマイトもない時でござりましたから、アノ穴を掘ることは実に非常なことでござりましたろう。

大阪《おおさか》の天保山を切ったのも近ごろのことでござります。かの安治《あじ》川を切った人は実に日本にとって非常な功績をなした人であると思います。安治川があるために大阪の木津《きつ》川の流れを北の方にとりまして、水を速くして、それがために水害の患《うれい》を取り除いてしまったばかりでなく、深い港をこしらえて九州四国から来る船をことごとくアソコに繋《つな》ぐようになったのでござります。また秀吉《ひでよし》の時代に切った吉野《よしの》川は昔は大阪の裏を流れておって人民を艱《なや》ましたのを、堺《さかい》と住吉《すみよし》の間に開鑿《かいさく》しまして、それがために大和《やまと》川の水害というものがなくなって、何十カ村という村が大阪の城の後ろにできました。これまた非常な事業です。それから有名の越後《えちご》の阿賀《あがの》川を切ったことでござります。これ実にエライ事業でござります。有名の新発田《しばた》の十万石、今は日本においてた

出る火薬。

天保山　大阪《おおさか》市港区淀川《よどがわ》の下流安治川河口の左岸にある小丘。

大和川　奈良《なら》県北部から大阪府の中央へ流れ、大阪湾《わん》に注ぐ川。

越後　現在の新潟《にいがた》県にほぼ重なる旧国名。

新発田　新潟県北東部の都市で、もと溝口《みぞぐち》氏十万石の城下町。

ぶん富の中心点であるだろうという所でござります。これらの大事業を考えてみるときに私の心の中に起こるところの考えは、もし金を後世に遺《のこ》すことができぬならば、私は事業を遺したいとの考えです。また土木事業ばかりでなく、その他の事業でももし我々が精神を籠《こ》めてするときは、我々の事業は、ちょうど金に利息がつき、利息に利息が加わってきて、だんだん多くなってくるように、一つの事業がだんだん大きくなって、終わりには非常なる事業となります。

　事業のことを考えますときに、私はいつでも有名のデビッド・リビングストンのことを思い出さないことはない。それで諸君のうち英語のできるおかたに私はスコットランドの教授ブレーキの書いた、“Life《ライフ》 and《アンド》 Letters《レターズ》 of《オブ》 David《デビッド》 Livingstone《リビングストン》”という本を読んでごらんなさることを勧《すす》めます。私一個人にとっては聖書のほかに、私の生涯《しょうがい》に大刺激《しげき》を与《あた》えた本は二つあります。一つはカーライルの『クロムウェル伝』であります。そのことについては私は後《のち》にお話をいたします。それからその次にこのブレーキ氏の書いた『デビッド・リビングストン』という本です。それでデビッド・リビングストン

デビッド・リビングストン（一八一三―七三）イギリスの宣教師・探検家。

カーライル（一七九五―一八八一）イギリスの評論家・歴史家。

の一生涯はドウいうものであったかというと、私は彼《かれ》を宗教家あるいは宣教師と見るよりは、むしろ大事業家として尊敬せざるをえません。もし私は金を溜《た》めることができなかったならば、あるいはまた土木事業を起こすことができぬならば、私はデビッド・リビングストンのような事業をしたいと思います。この人はスコットランドのグラスゴーの機屋《はたや》の子でありまして、若い時からして公共事業に非常に注意しました。「どこかに私は」……デビッド・リビングストンの考えまするに……「どこかに私は一事業を起こしてみたい。」という考えで、始めは支那《シナ》に往《い》きたいという考えでありまして、その望みをもって英国の伝道会社に訴《うった》えてみたところが、支那に遣《や》る必要がないといって許されなかった。ついにアフリカに入って、三十七年間己《おのれ》の生命をアフリカのために差《さ》し出し、始めのうちはおもに伝道をしておりました。けれども彼は考えました、アフリカを永遠に救うには今日は伝道ではいけない。すなわちアフリカの内地を探検して、その地理を明らかにしこれに貿易を開いて勢力を与えねばいけぬ、ソウすれば伝道は商売の結果として必ず来るに相違《そうい》ない。そこで彼は伝道を止《や》めまして探検家になったのでございます。彼

グラスゴー　イギリス、スコットランド西岸の都市。

支那　当時の中国の通《つう》称《しょう》。

はアフリカを三度縦横《じゅうおう》に横ぎり、わからなかった湖水もわかり、今までわからなかった河の方向も定められ、それがために種々の大事業も起こってきた。しかしながらリビングストンの事業はそれで終わらない、スタンレーの探検となり、ピーテルスの探検となり、チャンバーレンの探検となり、今日のいわゆるアフリカ問題にして一つとしてリビングストンの事業に原因せぬものはないのでございます。コンゴ自由国、すなわち欧米九カ国が同盟しまして、プロテスタント主義の自由国をアフリカの中心に立つるに至ったのも、やはりリビングストンの手によったものといわなければなりませぬ。

今日の英国はエライ国である、今日のアメリカの共和国はエライ国であると申しますが、それは何から始まったかとたびたび考えてみる。それで私は尊敬する人について少しく偏《へん》するかもしれませぬが、もし偏しておったならばそのようにご裁判を願います、けれども私の考えまするには、今日のイギリスの大なるわけは、イギリスにピウリタンという党派が起こったからであると思います。アメリカに今日のような共和国の起こった訳は何であるか、イギリスにピウリタンという党派が起こったゆえである。しかしながらこの

スタンレー
(一九〇四―七一)イギリス生まれのアメリカの探検家。
ピーテルス
(一八五六―一九一八)ドイツの探検家・政治家。
チャンバーレン
(一八三六―一九一四)イギリスの政治家。
コンゴ自由国
一八八五年アフリカのコンゴ川流域に建国。
ピウリタン
十六世紀後半の英国教会内に起こった、信仰《しんこう》と生活の清純を保とうとした信徒

世にピウリタンが大事業を遺《のこ》したといい、遺しつつあるというは何の訳であるかというと、何でもない、この中にピウリタンの大将がいたからである。そのオリバー・クロムウェルという人の事業は、彼《かれ》が政権を握《にぎ》ったのはわずか五年でありましたけれども、彼の事業は彼の死とともに全く終わってしまったように見えますけれども、ソウではない。クロムウェルの事業は今日のイギリスを作りつつあるのです。しかのみならず英国がクロムウェルの理想に達するにはまだズッと未来にあることだろうと思います。彼は後世に英国というものを遺した。合衆国というものを遺した。アングロサクソン民族がオーストラリアを従え、南アメリカに権力を得て、南北アメリカを支配するようになったのも彼の遺蹟《いせき》といわなければなりませぬ。

たちの通称《つうしょう》。

アングロサクソン　イギリスなど英語を話す国民の源流《げんりゅう》となった民族。

第二回

昨晩は後世へ我々が遺《のこ》して逝《い》くべきものについて、まず第一に金のことの話をいたし、その次に事業のお話をいたしました。ところで金を溜《た》める天才もなし、またそれを使う天才もなし、かつまた事業の天才もなし、また事業をなすための社会の位地もないときには、我々がこの世において何をいたしたらよろしかろうか。事業をなすには我々に神から受けた特別の天才が要《い》るばかりでなく、また社会上の位地が要る。我々はあるときはかの人は天才があるのに何ゆえなんにもしないでいるかといって人を責めますけれども、それはたびたび起こる酷《こく》な責め方だと思います。人は位地を得ますとずいぶんつまらない者でも大事業をいたすものであります。位地がありませぬとエライ人でも志を抱《いだ》いて空《むな》しく山間に終わってしまった者もたくさんあります。それゆえに事業をもって人を評することはできないことは明らかなることだろうと思います。それゆえに私に事業の天才もなし、またこれをなすの位地もなし、友達もなし、社会の賛成もなかったならば、私は身を滅《ほろ》ぼして死んでしまい、世の中に何も遺すことはできないかという問題が起こってくる。それでもし私に金を溜めることができず、また社会は私の事業をすることを許さなければ、私はまだ一つ遺すものをもっています。何であるかというと、私の思想です。もしこの世の中において私が私の考えを実行することができなければ、私はこれを実行する精神を筆と墨《すみ》とをもって紙の上に遺すことができる。あるいはそうでなくとも、それに似たような事業がございます。すなわち私がこの世の中に生きている間に、事業をなすことができなければ、私は青年を薫陶《くんとう》して私の思想を若い人に注いで、そうしてその人をして私の事業をなさしめることができる。すなわちこれを短くいいますれば、著述をするということと学生を教ゆるということであります。著述をすることと教育のことと二つをここで論じたい。しかしだいぶ時がかかりますからただその第一すなわち思想を遺すということについて私の文学的観察をお話ししたいと思います。すなわち我々の思想を遺すには今の青年に我々の志を注いでゆくも一つの方法でございますけれども、しかしながら思想そのものだけを遺《のこ》してゆくには文学によるほかない。それで文学というものの要は全くそこにあると思います。文学というものは我々の心に常に抱《いだ》いているところの思想を後世に伝える道具に相違《そうい》ない。それが文学の実用だと思います。それで思想の遺物《いぶつ》というものの大なることは我々は誰《だれ》もよく知っていることであります。思想のこの世の中に実行されたものが事業です。我々がこの世の中で実行することができないからして、種子《たね》だけを播《ま》いて逝《い》こう、「われは恨《うら》みを抱いて、慷慨《こうがい》を抱いて地下に下らんとすれども、汝《なんじ》らわれの後に来る人々よ、折《おり》あらばわが思想を実行せよ。」と後世へ言い遺すのである。それでその遺物の大いなることは実に著《いちじる》しいものであります。

我々のよく知っているとおり、二千年ほど前にユダヤのごくつまらない漁夫や、あるいはまことに世の中に知られない人々が、新約聖書というわずかな書物を書いた。そうしてその小さい本がついに全世界を改めたということは、ここにいる人にはお話しするほどのことはない、みなご存じであります。また山陽《さんよう》という人は勤王論《きんのうろん》を作った人であります。先生はドウしても日本を復活するには日本をして一団体にしなければならぬ。一団体にするには日本

勤王　江戸《えど》末期、朝廷《ちょうてい》のために徳川幕府打倒《だとう》をはかった政治運動。

の皇室を尊んでそれで徳川《とくがわ》の封建《ほうけん》政治をやめてしまって、それで今日《こんにち》いうところの王朝の時代にしなければならぬという大思想をもっておった。しかしながら山陽はそれを実行しようかと思ったけれども、実行することができなかった。山陽ほどの先見のない人はそれを実行しようとして戦場の露《つゆ》と消えてしまったに相違ない。しかし山陽はソンナ馬鹿《ばか》ではなかった。彼《かれ》は彼の在世中とてもこのことのできないことを知っていたから、自身の志を日本外史に述べた。そこで日本の歴史を述ぶるにあたっても特別に王室を保護するようには書かなかった。外家《がいか》の歴史を書いてその中にはっきりといわずとも、ただ勤王家の精神をもって源平《げんぺい》以来の外家の歴史を書いて我々に遺してくれた。今日の王政復古を持ち来《きた》した原動力は何であったかといえば、多くの歴史家がいうとおり山陽の日本外史がその一つでありしことはよくわかっておる。山陽はその思想を遺して日本を復活させた。今日の王政復古前後の歴史をことごとく調べてみると山陽の功の非常に多いことがわかる。私は山陽のほかのことは知りませぬ。かの人の私行については二つ三つ不同意なところがあります。彼の国体論や兵制論については不同意であります。しかしなが

日本外史
頼山陽の史論。（一八二九）

王政復古
武家政治が廃止《はいし》され、もとの君主政体にもどったこと。

個人の権力を増《ま》そうというのではないか。我々はこのことをどこまで実行することができるかそれはまだ問題でございますけれども、何しろこれが我々の願いであります。もちろんジョン・ロック以前にもそういう思想をもった人はあった。しかしながらジョン・ロックはその思想を形に顕《あらわ》して“Human《ヒューマン》 Understanding《アンダスタンディング》”という本を書いて死んでしまった。しかし彼《かれ》の思想は今日我々の中にはたらいている。ジョン・ロックは身体《からだ》も弱いし、社会の位地もごく低くあったけれども、彼は実に今日のヨーロッパを支配する人となったと思います。

　それゆえに思想を遺《のこ》すということは大事業であります。もし我々が事業を遺すことができぬならば、思想を遺してそうして将来に至って我々の事業をなすことができると思う。そこで私はここでご注意を申しておかねばならぬことがある。我々の中に文学者という奴《やつ》がある。誰《だれ》でも筆をとってそうして雑誌か何かに批評でも載《の》すれば、それが文学者だと思う人がある。それで文学というものは惰《なま》け書生の一つの玩具《おもちゃ》になっている。誰でも文学はできる。それで日本人の考えに文学というものはまことに気楽なもののように思われている。山に引っ込《こ》んで文筆に従事するなどは実に羨《うらやま》しいことのように考えられている。福地源一郎《ふくちげんいちろう》君が不忍《しのばず》の池《いけ》のほとりに別荘《べっそう》を建てて日蓮上人《にちれんしょうにん》の脚本《きゃくほん》を書いている。それを他から見るとたいそう風流に見える。また日本人が文学者という者の生涯《しょうがい》はドウいう生涯であるだろうと思うているかというに、それは絵草紙《えぞうし》屋へ行ってみるとわかる。ドウいう絵があるかというと、赤く塗《ぬ》ってある御堂の中に美しい女が机《つくえ》の前に坐《すわ》っておって、向こうから月の上ってくるのを筆を翳《かざ》して眺《なが》めている。これは何であるかというと紫式部《むらさきしきぶ》の源氏《げんじ》の間《ま》である。これが日本流の文学者である。しかし文学というものはコンナものであるならば、文学は後世への遺物《いぶつ》でなくしてかえって後世への害物である。なるほど源氏物語という本は美しい言葉を日本に伝えたものであるかもしれませぬ。しかし源氏物語が日本の士気を鼓舞《こぶ》することのために何をしたか。何もしないばかりでなく我々を女らしき意気地《いくじ》なしにならした。あのような文学は我々の中から根コソギに絶やしたい(拍手《はくしゅ》)。あのようなものが文学ならば、実に我々はカーライルとともに、文学というものには一度も手をつけたことがないということを世界に向かって誇《ほこ》りたい。文学はソン

福地源一郎
(一八四一―一九〇六)政治評論家。

絵草紙
江戸《えど》時代の、絵を中心とした大衆向け印刷物。

ナものではない。文学は我々がこの世界に戦争するときの道具である。今日戦争することはできないから未来において戦争しようというのが文学でありますそれゆえに文学者が机《つくえ》の前に立ちますときにはすなわちルーテルがウォルムスの会議に立ったとき、パウロがアグリッパ王の前に立ったとき、クロムウェルが剣を抜《ぬ》いてダンバーの戦場に臨んだときと同じことでありま す。この社会、この国を改良しよう、この世界の敵なる悪魔《あくま》を平《たい》らげようとの目的をもって戦争をするのであります。ルーテルが室《へや》の中に入って何か書いておったときに、悪魔が出てきたゆえに、ルーテルはインクスタンドを取ってそれにぶッつけたという話がある。歴史家にきくとこれは本当の話ではないといいます。しかしながらこれが文学です。我々はほかのことで事業をすることができないから、インクスタンドを取って悪魔にぶッつけてやるのである。事業を今日なさんとするのではない。将来未来までに我々の戦争を続ける考えから事業を筆と紙とにのこして、そうしてこの世を終わろうというのが文学者のもっているAmbition《アムビション》であります。それでその贈《おく》り物、我々が我々の思想を筆と紙とにのこしてこれを将来に贈ることが実に文学者

ルーテル
(一四八三—一五四六)ドイツの宗教改革者(ルター)。
ウォルムスの会議
ルターが自己の立場を明示した国会。
パウロ
初代教会最大の使徒・伝道者。
アグリッパ王
ユダヤの王ヘロデ・アグリッパ二世。新約聖書使徒行伝二六章参照。
クロムウェル
(一五九九—一六五八)イギリスの軍人・政治家。

の事業でありまして、もし神が我々にこのことを許しますならば、我々は感謝してその贈り物を遺したいと思う。有名なるウォルフ将軍がキーベッキの市《まち》を取るときにグレーのElegy《エレジィ》を歌いながら言った言葉があります、すなわち「このキーベッキを取るよりも我はむしろこのElegyを書かん。」と。もちろんElegyは過激なるいわゆるルーテル的の文章ではない。しかしながらこれがイギリス人の心、ウォルフ将軍のような心をどれだけ慰《なぐさ》めたか、実に今日までのイギリス人の勇気をどれだけ励《はげ》ましたかしれない。

トーマス・グレーという人は有名な学者で、彼《かれ》の時代の人で彼くらいすべての学問に達していた人はほとんどなかったそうであります。イギリスの文学者中で博学、多才といったならば、たぶんトーマス・グレーであったろうという批評であります。しかしながらトーマス・グレーは何を遺したか。彼の書いた本は一つに集めたらば、たぶんこんなくらい（手真似《まね》にて）の本でほとんど二百ページか、三百ページもありましょう。しかしそのうちこれぞというて大作はありませぬ。トーマス・グレーの後世への遺物《いぶつ》は何もない、ただElegyという三百行ばかりの詩でありました。グレーの四十八年の生涯《しょうがい》

ダンバー　一六五〇年クロムウェルがスコットランド軍を破った戦いの舞台。
ウォルフ将軍　（一七二七—五九）イギリスの陸軍将校。
キーベッキ　アメリカ大陸のフランス領（ケベック）。
グレー　（一七一六—七一）イギリスの詩人。

というものはElegy《エレジイ》を書いて終わってしまったのです。しかしながらたぶんイギリスの国民の続く間は、イギリスの国語が話されている間はElegyは消えないでしょう。この詩ほど多くの人を慰《なぐさ》め、ことに多くの貧乏人《びんぼうにん》を慰め、世の中に全く容《い》れられない人を慰め、多くの志を抱《いだ》いてそれを世の中に発表することのできない者を慰めたものはない。この詩によってグレーは万世を慰めつつある。我々は実にグレーの運命を羨《うらや》むのであります。すべての学問を四十八年間も積んだ人がただ三百行くらいの詩を遺《のこ》して死んだというては小さいようでございますが、実にグレーは大事業をなした人であると思います。有名なるヘンリー・ビーチャーがいった言葉に……私はこれは決してビーチャーが小さいことを針小棒大《しんしょうぼうだい》にしていうた言葉ではないと思います……「私は六十年か七十年の生涯《しょうがい》を私のように送りしよりも、むしろチャールス・ウェスレーの書いた"Jesus《ジーザス》, Lover《ラヴァー》 of《オブ》 my《マイ》 soul《ソール》"の讃美歌《さんびか》一篇《ぺん》を作ったほうがよい。」と申しました。チョット考えてみるとこれはただチャールス・ウェスレーを尊敬するあまりに発した言葉であって、決してビーチャーの心の中から出た言葉ではないように思われますけれども、しかしながらウェス

ヘンリー・ビーチャー　（一八一三―八七）アメリカの説教者・奴隷制廃止《どれいせいはいし》論者。

チャールス・ウェスレー　（一七〇七―八八）イギリスの宗教家・賛美歌作家。

"Jesus, lover of my soul"　「わが魂を愛するイエスよ」讃美歌二七三番。

レーのこの歌を幾度《いくど》か繰《く》り返して歌ってみまして、ドレだけの心情、ドレだけの趣味《しゅみ》、ドレだけの希望がそのうちにあるかを見るときには、あるいはビーチャーのいったことが本当であるかもしれないと思います。ビーチャーの大事業も決してこの一つの讃美歌ほどの事業をなしていないかもしれませぬ。それゆえにもし我々に思想がありまするならば、もし我々がそれを直接に実行することができないならば、それを紙に写しましてこれを後来《こうらい》に遺しますことは大事業ではないかと思います。文学者の事業というものはそれゆえに羨むべき事業である。

こういう事業ならばあるいは我々も行ってみたいと思う。こう申しますると諸君の中にまたこういう人があります。「ドウモしかしながら文学などは私らにはとてもできない、ドウモ私は今まで筆を執《と》ったことがない。また私は学問が少ない、とても私は文学者になることはできない。」それで源氏物語《げんじものがたり》を見てとてもこういう流暢《りゅうちょう》なる文は書けないと思い、マコーレーの文を見てとてもこれを学ぶことはできぬと考え、山陽《さんよう》の文を見てとてもこういうものは書けないと思い、ドウしても私は文学者になることはできないといって

マコーレー（一八〇〇―五九）イギリスの政治家・著述家。

失望する人がある。文学者は特別の天職をもった人であって文学はとても我々平凡《へいぼん》の人間にできることではないと思う人があります。その失望はどこから起こったかというと、前にお話しした柔弱《にゅうじゃく》なる考えから起こったのでございます。すなわち源氏物語的の文学思想から起こった考えであります。文学というものはソンナものではない。文学というものは我々の心のありのままをいうものです。ジョン・バンヤンという人はチットモ学問のない人でありました。もしあの人が読んだ本があるならば、タッタ二つでありました、すなわちバイブルとフォックスの書いたブック・オブ・マータース（"Book of Martyrs"）というこの二つでした。今ならばこのような本を読む忍耐《にんたい》力のある人はない。私は札幌《さっぽろ》にてそれを読んだことがある。十ページくらい読むとあとは読む勇気がなくなる本である。ことにクエーカーの書いた本でありますから文法上の誤謬《ごびゅう》がたくさんある。しかるにバンヤンは始めから終わりまでこの本を読んだ。彼《かれ》は申しました。「私はプラトーの本もまたアリストートルの本も読んだことはない、ただイエス・キリストの恩恵《めぐみ》にあずかった憐《あわ》れなる罪人《つみびと》であるから、ただわが思うそのままを書くのである。」といっ

ジョン・バンヤン （一六二八―八八）英国のピューリタン作家。

フォックス （一五一六―八七）イギリス国教会司教。

ブック・オブ・マータース 『殉教《じゅんきょう》者列伝』（一五六三）。

クエーカー フレンド派キリスト教の通称《つうしょう》。

プラトー （前四二七―前三四七）古代ギリシャの哲学者プラトン。

アリストートル （前三八四―前三二二）古代ギリシャの

て、“Pilgrim's《ピルグリムス》 Progress《プログレス》”（天路歴程《てんろれきてい》）という有名なる本を書いた。それでたぶんイギリス文学の批評家中で第一番という人……このあいだ死んだ仏《フランス》人、テーヌという人であります……その人がバンヤンのこの著を評して何といったかというと「たぶん純粋《じゅんすい》という点から英語を論じたときにはジョン・バンヤンの“Pilgrim's Progress”に及《およ》ぶ文章はあるまい。これは全く外からの雑《まじ》りのない、最も純粋なる英語であるだろう。」と申しました。そうしてかくも有名なる本は何であるかというと無学者の書いた本であります。それでもし我々にジョン・バンヤンの精神がありますならば、すなわち我々が他人から聞いたつまらない説を伝えるのでなく、自分のこしらった神学説を伝えるでなくして、私はこう感じた、私はこう苦しんだ、私はこう喜んだ、ということを書くならば、世間の人はドレだけ喜んでこれを読むかしれませぬ。今の人が読むのみならず後世の人も実に喜んで読みます。バンヤンは実に「まじめなる宗教家」であります。心の実験をまじめに表したものが英国第一等の文学であります。それだによって我々の中に文学者になりたいと思う観念をもつ人がありまするならば、バンヤンのような心をもたなくてはなりません。

哲学者アリストテレス。

テーヌ　（一八二八—九三）フランスの歴史家・批評家。

心の実験　内面における真実の経験。

彼《かれ》のような心をもったならば実に文学者になれぬ人はないと思います。
今ここに丹羽《にわ》さんがいませぬから少し丹羽さんの悪口を言いましょう（笑声起こる）……あとでいいつけてはイケマセンよ（大笑）。丹羽さんが青年会において『基督《キリスト》教青年』という雑誌を出した。それで私のところへもだいぶ送ってきた。そこで私が先日東京へ出ましたときに、先生が「ドウです内村《うちむら》君、あなたは『基督教青年』をドウお考えなさいますか。」と問われたから、私はまじめにまた明白に答えた。「失礼ながら『基督教青年』は私のところへ来ますと私はすぐそれを厠《かわや》へ持っていって置いてきます。」。ところが先生大変怒《おこ》った。それから私はその訳を言いました。アノ『基督教青年』を私がきたない用に用いるのは何であるかというに、実につまらぬ雑誌であるからです。なにゆえにつまらないかというに、アノ雑誌の中に名論卓説《たくせつ》がないからつまらないと言うたのではありません。アノ雑誌のつまらない訳は、青年が青年らしくないことを書くからです。青年が学者の真似《まね》をして、つまらない議論をアッチからも引き抜《ぬ》き、コッチからも引き抜いて、それを鋏刀《はさみ》と糊《のり》とでくッつけたような論文を出すから読まないのです。もし青年が青年の心の

丹羽さん　丹羽清次郎《せいじろう》（一八六三―一九五七）。東京ＹＭＣＡ初代総主事。

『基督教青年』　一八九四年創刊のＹＭＣＡ機関誌。

ままを書いてくれたならば、私はこれを大切にして年の終わりになったら立派に表装して、私のLibrary《ライブラリィ》（書函）の中の最も価値あるものとして遺《のこ》しておきましょうと申しました。それからその雑誌はだいぶ改良されたようであります。それです、私は名論卓説を聴《き》きたいのではない。私の欲《ほっ》するところと社会の欲するところは、女よりは女のいうようなことを聴きたい、男よりは男のいうようなことを聴きたい、青年よりは青年の思っているとおりのことを聴きたい、老人よりは老人の思っているとおりのことを聴きたい。それが文学です。それゆえにただ我々の心のままを表白してごらんなさい。ソウしてゆけばいくら文法はまちがっておっても、世の中の人が読んでくれる。それが我々の遺物《いぶつ》です。もし何もすることができなければ、我々の思うままを書けばよろしいのです。私は高知《こうち》から来た一人の下女をもっています。非常におもしろい下女で、私のところに参りましてから、いろいろの世話をいたします。ある時はほとんど私の母のように私の世話をしてくれます。その女が手紙を書くのを側《そば》で見ていますと、非常な手紙です。筆を横に取って、仮《か》名《な》で、土佐《とさ》言葉で書く。今あとで坂本《さかもと》さんが出て土佐言葉の標本を諸君に示

坂本さん　坂本直寛《なおひろ》（一八五三―一九一一）。坂本龍馬《りょうま》を叔父《おじ》とする伝道師。

すかもしれませぬ(大笑拍手《はくしゅ》)。ずいぶんおもしろい言葉であります。仮名《かな》で書くのですから、土佐言葉がソックリそのままで出てくる。それで彼女《かのじょ》は長い手紙を書きます。実に読むのに骨が折れる。しかしながら私はいつでもそれを見て喜びます。その女は信者でも何でもない。毎月三日月様《みかづきさま》になりますと私のところへ参って「ドウゾ旦那《だんな》さまお銭《あし》を六厘《りん》。」と言う。「何に使うか。」と言うと、黙《だま》っている。「何でもよいから。」と言う。やると豆腐《とうふ》を買ってきまして、三日月様に豆腐を供える。あとできいてみると「旦那さまのために三日月様に祈《いの》っておかぬと運が悪い。」と申します。私は感謝していつでも六厘差《さ》し出します(大笑)。それから七夕様《たなばたさま》が来ますといつでも私のために七夕様に団子だの梨《なし》だの柿《かき》などを供えます。私はいつもそれを喜んで供えさせます。その女が書いてくれる手紙を私は実に多くの立派な学者先生の文学を六《ろく》合雑誌《ごうざっし》などに拝見するよりも喜んで見まする。それが本当の文学で、それが私の心情に訴《うった》える文学。……文学とは何でもない、我々の心情に訴えるものであります。文学というものはソウいうものであるならば……ソウいうものでなくてはならぬ……それならば我々はなろうと思えば文学者になることが

六厘　一厘は一円の千分の一。

できます。我々の文学者になれないのは筆が執《と》れないからなれないのではない、我々に漢文が書けないから文学者になれないのでもない。我々の心に鬱《うっ》勃《ぼっ》たる思想が籠《こ》もっておって、我々が心のままをジョン・バンヤンがやったように綴《つづ》ることができるならば、それが第一等の立派な文学であります。カーライルのいったとおり「何でもよいから深いところへ入れ、深いところにはことごとく音楽がある。」。実にあなたがたの心情をありのままに書いてごらんなさい、それが流暢《りゅうちょう》なる立派な文学であります。私自身の経験によっても私は文天祥《ぶんてんしょう》がドウ書いたか、白楽天《はくらくてん》がドウ書いたかと思っていろいろ調べてしかる後に書いた文よりも、自分が心のありのままに、仮名のまちがいがあろうが、文法に合うまいがかまわないで書いた文のほうが私が見てもいちばん良い文章であって、ほかの人が評してもまたいちばん良い文章であるといいます。文学者の秘訣《ひけつ》はそこにあります。こういう文学ならば我々誰《だれ》でも遺《のこ》すことができる。それゆえにありがたいことでございます。もし我々が事業を遺すことができなければ、我々に神様が言葉というものを下さいましたからして、我々人間に文学というものを下さいましたから、我々は

文天祥　（一二三六—八二）中国、南宋《なんそう》末期の忠臣。

白楽天　（七七二—八四六）中国、中唐《とう》の詩人。

文学をもって我々の考えを後世に遺《のこ》して逝《い》くことができます。

ソウ申しますとまたこういう問題が出てきます。我々は金を溜《た》めることができず、また事業をなすことができない。それからまたそれならばといってあなたがたがみな文学者になったらば、たぶん活版屋では喜ぶかもしれませぬけれども、社会では喜ばない。文学者の世の中にふえるということは、ただ活版屋と紙製造所を喜ばすだけで、あまり社会に益をなさないかもしれない。ゆえにもし我々が文学者となることができず、またなる考えもなし、バンヤンのような思想をもっておっても、バンヤンのように綴《つづ》ることができないときには、別に後世への遺物《いぶつ》はないかという問題が起こる。それは私にもたびたび起こった問題であります。なるほど文学者になることは私が前に述べましたとおりヤサシイことだとは思いますけれども、しかし誰《だれ》でも文学者になるということは実は望むべからざることであります。たとえば、学校の先生……ある人がいうように何でも大学に入って学士の称号《しょうごう》を取り、あるいはその上にアメリカへでも往《い》って学校を卒業さえしてくれば、それで先生になれると思うのと同じことであります。私はたびたび聞いて感じまして、今でも心に留めておりますが、私が大変世話になりましたアモウスト大学の教頭シーリー先生がいった言葉に「この学校で払《はら》うだけの給金を払えば学者を得ることはいくらでも得られる。地質学を研究する人、動物学を研究する人はいくらもある。地質学者、動物学者はたくさんいる。しかしながら地質学、動物学を教えることのできる人は実に少ない。文学者はたくさんいる、文学を教えることのできる人は少ない。それゆえにこの学校に三、四十人の教授がいるけれども、その三、四十人の教師は非常に貴《たっと》い、なぜなればこれらの人は学問を自分で知っているばかりでなく、それを教えることのできる人であります。」と。これは我々が深く考うべきことで、我々が学校さえ卒業すれば必ず先生になれるという考えをもってはならぬ。学校の先生になるということは一種特別の天職だと私は思っております。よい先生というものは必ずしも大学者ではない。大島《おおしま》君もご承知でございますが、私どもが札幌《さっぽろ》におりました時に、クラーク先生という人が教師であって、植物学を受け持っておりました。その時分にはほかに植物学者がおりませぬから、クラーク先生を第一等の植物学者だと思っておりました。この先生のいったことは植物学上

アモウスト大学　アメリカ、マサチューセッツ州中部にある大学（アマスト大学）。

シーリー　（一八二四―九五）アマスト大学総長。

大島　大島正健《まさたけ》（一八五九―一九三八）教育者・言語学者。

クラーク　（一八二六―八六）札幌《さっぽろ》農《のう》学校初代教頭。

誤りのないことだと思っておりました。しかしながら彼《かれ》の本国に行ってきいたら、先生だいぶ化けの皮が現れた。かの国のある学者がクラークが植物学について口を利《き》くなどとは不思議だ、といって笑っておりました。しかしながら、とにかく先生は非常な力をもっておった人でした。どういう力であったかというに、すなわち植物学を青年の頭のなかへ注ぎ込《こ》んで、植物学という学問のInterest《インタレスト》を起こす力をもった人でありました。それゆえに植物学の先生としては非常に価値のあった人でありました。ゆえに学問さえすれば、我々が先生になれるという考えを我々はもつべきでない。我々に思想さえあれば、我々がことごとく先生になれるという考えを抛却《ほうきゃく》してしまわねばならぬ。先生になる人は学問ができるよりも——学問もなくてはなりませぬけれども——学問ができるよりも学問を青年に伝えることのできる人でなければならない。これを伝えることは一つの技術であります。短い言葉でありますけれども、この中に非常の意味が含《ふく》まっております。たとい我々が文学者になりたい、学校の先生になりたいという望みがあっても、これ必ずしも誰《だれ》にもできるものではないと思います。

それで金も遺《のこ》すことができず、事業も遺すことができない人は、必ずや文学者または学校の先生となって思想を遺して逝《ゆ》くことができるかというに、それはそういかぬ。しかしながら文学と教育とは、工業をなすということ、金を溜《た》めるということよりも、よほどやさしいことだと思います。なぜなれば独立でできることであるからです。ことに文学は独立的の事業である。今日のような学校にてはどこの学校にても、Mission School《ミッションスクール》を始めとしてどこの官立学校にても、我々の思想を伝えるといっても実際伝えることはできない。それゆえ学校事業は独立事業としてはずいぶん難《かた》い事業であります。しかしながら文学事業に至っては社会はほとんど我々の自由に任せる。それゆえに多くの独立を望む人が政治界を去って宗教界に入り、宗教界を去って教育界に入り、また教育界を去ってついに文学界に入ったことは明らかな事実であります。多くのエライ人は文学に逃《に》げ込みました。文学は独立の思想を維持《いじ》する人のために、最も便益なる隠《かく》れ場所であろうと思います。しかしながらただ今も申し上げましたとおり、必ずしも誰にでも入ることのできる道ではない。

ここに至ってこういう問題が出てくる。文学者にもなれず学校の先生にもなれなかったならば、それならば私は後世に何をも遺《のこ》すことはできないかという問題が出てくる。何かほかに事業はないか、私もたびたびそれがために失望に陥《おちい》ることがある。しからば私には何も遺すものはない。事業家にもなれず、金を溜《た》めることもできず、本を書くこともできず、ものを教えることもできない。ソウすれば私は無用の人間として、平凡《へいぼん》の人間として消えてしまわなければならぬか。陸放翁《りくほうおう》のいったごとく「我死骨即朽《わがしこつすなわちくつるも》、青史亦無名《せいしにまたななし》」と嘆《たん》じ、この悲嘆《ひたん》の声を発して我々が生涯《しょうがい》を終わるのではないかと思うて失望の極に陥ることがある。しかれども私はそれよりモット大きい、今度は前の三つと違《ちが》いまして誰《だれ》にも遺すことのできる最大遺物《いぶつ》があると思う。それは実に最大遺物であります。金も実に一つの遺物でありますけれども、私はこれを最大遺物と名づけることはできない。事業も実に大遺物たるには相違《そうい》ない、ほとんど最大遺物というてもようございますけれども、いまだこれを本当の最大遺物ということはできない。文学も先刻お話ししたとおり実に貴《たっと》いものであって、わが思想を書いたものは実に後世への価値ある遺物と思い

陸放翁　陸游《りくゆう》（一一二五―一二一〇）。中国、宋《そう》代の詩人。

ますけれども、私がこれをもって最大遺物ということはできない。最大遺物ということのできないわけは、一つは誰にも遺すことのできる遺物でないから最大遺物ということはできないのではないかと思う。そればかりでなくその結果は必ずしも害のないものではない。昨日もお話ししたとおり金は用い方によって大変利益がありますけれども、用い方が悪いとまた大変害を来《きた》すものである。事業におけるも同じことであります。クロムウェルの事業とか、リビングストンの事業は大変利益がありますかわりに、またこれには害が一《いっ》緒《しょ》に伴《ともの》うております。また本を書くことも同じようにその中に善《よ》いこともありまた悪いこともたくさんあります。我々はそれを完全なる遺物または最大遺物と名づけることはできないと思います。

それならば最大遺物とは何であるか。私が考えてみますに人間が後世に遺すことのできる、ソウしてこれは誰にも遺すことのできるところの遺物で、利益ばかりあって害のない遺物がある。それは何であるかならば勇ましい高《こう》尚《しょう》なる生涯であると思います。これが本当の遺物ではないかと思う。他の遺物は誰にも遺すことのできる遺物ではないと思います。しかして高尚なる勇ましい生涯《しょうがい》とは何であるかというと、私がここで申すまでもなく、諸君も我々も前から承知している生涯であります。すなわちこの世の中はこれは決して悪魔《あくま》が支配する世の中にあらずして、神が支配する世の中であるということを信ずることである。失望の世の中にあらずして、希望の世の中であることを信ずることである。この世の中は悲嘆《ひたん》の世の中でなくして、歓喜《かんき》の世の中であるという考えを我々の生涯に実行して、その生涯を世の中への贈《おく》り物としてこの世を去るということであります。その遺物《いぶつ》は誰《だれ》にも遺《のこ》すことのできる遺物ではないかと思う。もし今までのエライ人の事業を我々が考えてみますときに、あるいはエライ文学者の事業を考えてみますときに、その人の書いた本、その人の遺した事業はエライものでございますが、しかしその人の生涯に較《くら》べたときには実に小さい遺物だろうと思います。パウロの書翰《しょかん》は実に有益な書翰でありますけれども、しかしこれをパウロの生涯に較べたときには価値のはなはだ少ないものではないかと思う。パウロ彼《かれ》自身はこのパウロの書いたロマ書や、ガラタヤ人に贈った書翰よりもエライ者であると思います。クロムウェルがアングロサクソン民族の王国を造ったことは大事

ロマ書　パウロが書いたローマ人への手紙。

ガラタヤ人に贈った書翰　パウロが書いたガラテヤ人への手紙。

業でありますけれども、クロムウェルがあの時代に立って自分の独立思想を実行し、神によってあの勇壮《ゆうそう》なる生涯を送ったという、あのクロムウェル彼自身の生涯というものは、これはクロムウェルの事業に十倍も百倍もする社会にとっての遺物ではないかと考えます。私は元来トーマス・カーライルの本を非常に敬読する者であります。それである人にはそれがために嫌《きら》われますけれども、私はカーライルという人については全体非常に尊敬を表しております。たびたびあの人の本を読んで利益を得、またそれによって刺激《しげき》をも受けたことでございます。けれども、私はトーマス・カーライルの書いた四十冊ばかりの本をみな寄せてみてカーライル彼自身の生涯に較べたときには、カーライルの書いたものは実に価値の少ないものであると思います。先日カーライルの伝を読んで感じました。ご承知のとおりカーライルが書いたものの中でいちばん有名なものはフランス革命の歴史でございます。それである歴史家がいうたに「イギリス人の書いたもので歴史的の叙事《じょじ》、ものを説き明かした文体からいえば、カーライルのフランス革命史がたぶん一番といってもよいであろう、もし一番でなければ一番の中に入るべきものである。」ということであります。それでこの本を読む人はことごとく同じ感覚をもつだろうと思います。実に今より百年ばかり前のことを我々の目の前に活《い》きている画《え》のように、ソウして立派な画人《えかき》が書いてもアノようには書けぬというように、フランス革命のパノラマ（活画）を示してくれたものはこの本であります。それで我々はその本に非常の価値を置きます。カーライルが我々に遺《のこ》してくれたこの本は実に我々の貴《たっと》ぶところでございます。しかしながらフランスの革命を書いたカーライルの生涯《しょうがい》の実験を見ますと、この本よりかまだ立派なものがあります。その話は長いけれどもここにあなたがたに話すことを許していただきたい。カーライルがこの書を著《あらわ》すのは彼《かれ》にとってはほとんど一生涯の仕事であった。チョット『革命史』を見まするならば、このくらいの本は誰《だれ》にでも書けるだろうと思うほどの本であります。けれども歴史的の研究を凝《こ》らし、広く材料を集めて成った本でありまして、実にカーライルが生涯の血を絞《しぼ》って書いた本であります。それで何十年ですか忘れましたが、何十年かかかってようやく自分の望みのとおりの本が書けた。それからしてその本が原稿になってこれを罫紙《けいし》に書いてしまった。それからしてこれはモ

『革命史』　カーライル著『フランス革命史』（一八三七）

ウじきに出版する時が来るだろうと思って待っておった。その時に友人が来ましてカーライルに遇《あ》ったところが、カーライルがその話をしたら「実に結構な書物だ、今晩一読を許してもらいたい。」と言った。その時にカーライルは自分の書いたものはつまらないものだと思って人の批評を仰《あお》ぎたいと思ったから、貸してやった。貸してやるとその友人はこれを家へ持っていった。そうすると友人の友人がやってきて、これを手に取って読んでみて、「これはおもしろい本だ、一つドウゾ今晩私に読ましてくれ。」と言った。ソコで友人が言うには「明日の朝早く持ってこい、そうすれば貸してやる。」と言って貸してやったら、その人はまたこれをその家へ持っていって一所懸命《けんめい》に読んで、暁方《あけがた》まで読んだところが、あしたの事業に妨《さまた》げがあるというので、その本を机《つくえ》の上に抛《ほう》り放しにして床《とこ》について自分は寝入《ねい》ってしまった。そうすると翌朝彼の起きない前に下女がやってきて、家の主人が起きる前にストーブに火をたきつけようと思って、ご承知のとおり西洋では紙をコッパの代わりに用いてクベますから、何か好《よ》い反古《ほご》はないかと思って調べたところが机の前に書いたものがだいぶひろがっていたから、これは好いものと思って、それをみな丸めてストーブの中へ入れて火をつけて焼いてしまった。カーライルの何十年ほどかかった革命史を焼いてしまった。時計の三分か四分の間に煙《けむり》となってしまった。それで友人がこのことを聞いて非常に驚《おどろ》いた。何ともいうことができない。ほかのものであるならば、紙幣《さつ》を焼いたならば紙幣を償《つぐな》うことができる、家を焼いたならば家を建ててやることもできる、しかしながら思想の凝《こ》って成ったもの、熱血を注いで何十年かかって書いたものを焼いてしまったのは償いようがない。死んだものはモウ活《い》き帰らない。それがために腹を切ったところが、それまでであります。それで友人に話したところが、友人も実にドウすることもできないで一週間黙《だま》っておった。何と言ってよいかわからぬ。ドウモ仕方がないから、そのことをカーライルに言った。そのときにカーライルは十日ばかりボンヤリとして何もしなかったということであります。さすがのカーライルもそうであったろうと思います。それで腹が立った。ずいぶん短気の人でありましたから、非常に腹を立てた。彼《かれ》はその時は歴史などは抛《ほう》りぽかして何にもならないつまらない小説を読んだそうです。しかしながらその間に己《おのれ》で己に帰って言うに「トーマス・カーライルよ、汝《なんじ》は愚人《ぐじん》である、汝の書いた『革命史』はソンナに貴《たっと》いものではない、第一に貴いのは汝がこの艱難《かんなん》に忍《しの》んでそうして再び筆を執《と》ってそれを書き直すことである、それが汝の本当にエライところである、実にそのことについて失望するような人間が書いた『革命史』を社会に出しても役に立たぬ、それゆえにモウ一度書き直せ。」と言って自分で自分を鼓舞《こぶ》して、再び筆を執って書いた。その話はそれだけの話です。しかし我々はその時のカーライルの心中に入ったときには実に推察の情溢《あふ》るるばかりであります。カーライルのエライことは『革命史』という本のためにではなくして、火にて焼かれたものを再び書き直したということである。もしあるいはその本が遺《のこ》っておらずとも、彼は実に後世への非常の遺物《いぶつ》を遺したのであります。たとい我々がイクラやりそこなってもイクラ不運にあっても、そのときに力を回復して、我々の事業を捨ててはならぬ、勇気を起こして再びそれに取りかからなければならぬという心を起こしてくれたことについて、カーライルは非常な遺物を遺してくれた人ではないか。

今時《こんじ》の弊害《へいがい》は何であるかといいますれば、なるほど金がない、我々の国に事業が少ない、良い本がない、それは確かです。しかしながら日本人お互《たが》いに今要するものは何であるか。本が足りないのでしょうか、金がないのでしょうか、あるいは事業が不足なのでありましょうか。それらのことの不足はもとよりないことはない。けれども、私が考えてみると、今日第一の欠乏《けつぼう》はLife《ライフ》生命の欠乏であります。それで近ごろはしきりに学問ということ、教育ということ、すなわちCulture《カルチュア》（修養）ということが大変に我々を動かします。我々はドウしても学問をしなければならぬ、ドウしても我々は青年に学問をつぎ込《こ》まねばならぬ、教育をのこして後世の人を誡《いまし》め、後世の人を教えねばならぬというて我々は心配いたします。もちろんこのことは大変よいことであります。それでももし我々が今より百年後にこの世に生まれてきたと仮定して明治二十七年の人の歴史を読むとすればドウでしょう、これを読んできて我々にどういう感じが起こりましょうか。なるほどここにも学校が建った、ここにも教会が建った、ここにも青年会館が建った、ドウして建ったろうといってだんだん読んでみますと、この人はアメリカへ行って金をもらってきて建てた、あるいはこの人はこういう運動をして建てたということがある。そこで我々がこれを読みますときに「アア、とても私にはそんなことはできない、今ではアメリカへ行っても金はもらえまい、また私にはそのように人と共同する力はない。私にはそういう真似《まね》はできない、私はとてもそういう事業はできない。」というて失望しましょう。すなわち私が今から五十年も百年も後の人間であったならば、今日の時代から学校を受け継《つ》いだかもしれない。教会を受け継いだかもしれませぬ。けれども私自身を働かせる原動力をばもらわない。大切なるものをばもらわないに相違《そうい》ない。しかしもしここにつまらない教会が一つあるとすれば、そのつまらない教会の建物を売ってみたところがほとんどわずかの金の価値しかないかもしれませぬ。しかしながらその教会の建った歴史を聞いた時に、その歴史がこういう歴史であったと仮定《かりさだ》めてごらんなさい……この教会を建てた人はまことに貧乏人《びんぼうにん》であった、この教会を建てた人は学問も別にない人であった、それだけれどもこの人は己《おのれ》のすべての浪費《ろうひ》を節して、すべての欲情を去って、まるで己の力だけにたよって、この教会を造ったものである。……こういう歴史を読むと私にも勇気が起こってくる。かの人にできたならば己にもできないことはない、われも一つやってみようというようになる。

私は近世の日本の英傑《えいけつ》、あるいは世界の英傑といってもよろしい人のお話をいたしましょう。この世界の英傑の中に、ちょうど我々の留まっているこの箱根《はこね》山の近所に生まれた人で二宮金次郎《にのみやきんじろう》という人がありました。この人の伝を読みました時に私は非常な感覚をもらった。それでドウも二宮金次郎先生には私は現に負《お》うところが実に多い。二宮金次郎氏の事業はあまり日本にひろまってはおらぬ。それで彼《かれ》のなした事業はことごとくこれを纏《まと》めてみましたならば二十カ村か三十カ村の人民を救っただけに止《とど》まっていると考えます。しかしながらこの人の生涯《しょうがい》が私を益し、それから今日《こんにち》日本の多くの人を益する訳は何であるかというと、何でもない、この人は事業の贈《おく》り物に非《あら》ずして生涯の贈り物を遺《のこ》した。この人の生涯はすでにご承知のかたもありましょうが、チョット申してみましょう。二宮金次郎氏は十四の時に父を失い、十六の時に母を失い、家が貧乏《びんぼう》にして何物もなく、ためにごく残酷《ざんこく》な伯父《おじ》に預けられた人であります。それで一文《もん》の銭《ぜに》もなし家産はことごとく傾《かたむ》き、弟一人、妹一人もっていた。身に一文もなくして孤児《こじ》です。その人がドウして

二宮金次郎
(一七八七―一八五六)江戸《えど》末期の農政家、二宮尊徳《そんとく》の通称《つうしょう》。

生涯を立てたか。伯父さんの家にあってその手伝いをしている間に本が読みたくなった。そうしたときに本を読んでおったら、伯父さんに叱《しか》られた。この高い油を使って本を読むなどということはまことに馬鹿《ばか》馬鹿しいことだといって読ませぬ。そうすると、黙《だま》っていて伯父さんの油を使っては悪いということを聞きましたから、「それでは私は私の油のできるまでは本を読まぬ。」という決心をした。それでどうしたかというと、川辺の誰《だれ》も知らない所へ行きまして、菜種《なたね》を蒔《ま》いた。一カ年かかって菜種を五、六升《しょう》も取った。それからその菜種を持っていって、油屋へ行って油と取り換《か》えてきまして、それからその油で本を見た。そうしたところがまた叱られた。「油ばかりお前のものであれば本を読んでもよいと思っては違《ちが》う、お前の時間も私のものだ。本を読むなどという馬鹿なことをするならよいからその時間に縄《なわ》を綯《よ》れ。」と言われた。それからまた仕方がない、伯父さんのいうことであるから終日働いてあとで本を読んだ、……そういう苦学をした人であります。どうして自分の生涯を立てたかというに、村の人の遊ぶ時、ことにお祭り日などには、近所の畑の中に洪水で沼《ぬま》になった所があった、その沼地を伯父さんの時間でない、自分の時間に、その沼地《ぬま》よりことごとく水を引いてそこでもって小さい鍬《くわ》で田地をこしらえて、そこへ持っていって稲《いね》を植えた。こうして初めて一俵の米を取った。その人の自伝によりますれば、「米を一俵取ったときの私の喜びは何ともいえなかった。これ天が初めて私に直接に授けたものにしてその一俵は私にとっては百万の価値があった。」というてある。それからその方法をだんだん続けまして二十歳《さい》の時に伯父《おじ》さんの家を辞した。その時には三、四俵の米を持っておった。それから仕上げた人であります。それでこの人の生涯《しょうがい》を初めから終わりまで見ますと、「この宇宙というものは実に神様……神様とはいいませぬ……天の造ってくださったもので、天というものは実に恩恵《おんけい》の深いもので、人間を助けよう助けようとばかり思っている。それだからもし我々がこの身を天と地とに委《ゆだ》ねて天の法則に従っていったならば、我々は欲《ほっ》せずといえども天が我々を助けてくれる。」というこういう考えであります。その考えをもったばかりでなく、その考えを実行した。その話は長うございますけれども、ついには何万石《ごく》という村々を改良して自分の身をことごとく人のために使った。旧幕の末路にあたって経済上、農業改良上

旧幕の末路
江戸《えど》幕府の末期。

について非常の功労のあった人であります。それで我々もそういう人の生涯、二宮金次郎《にのみやきんじろう》先生のような人の生涯を見ますときに、「もしあの人にもアアいうことができたならば私にもできないことはない。」という考えを起こします。普通《ふつう》の考えではありますけれども非常に価値のある考えであります。それで人に頼《たよ》らずとも我々が神にたより己《おのれ》によって宇宙の法則に従えば、この世界は我々の望むとおりになり、この世界にわが考えを行うことができるという感覚が起こってくる。二宮金次郎先生の事業は大きくなかったけれども、彼《かれ》の生涯はドレほどの生涯であったかしれませぬ。私ばかりでなく日本じゅう幾万《いくまん》の人はこの人から「インスピレーション」を得たでありましょうと思います。あなたがたもこの人の伝を読んでごらんなさい。『少年文学』の中に『二宮尊徳翁《そんとくおう》』というのが出ておりますが、アレはつまらない本です。私のよく読みましたのは、農商務省で出版になりました、五百ページばかりの『報《ほう》徳記《とくき》』という本です。この本を諸君が読まれんことを切に希望します。この本は我々に新理想を与《あた》え、新希望を与えてくれる本であります。実にキリスト教の『バイブル』を読むような考えがいたします。ゆえに我々がもし事業

インスピレーション　霊感。ひらめき。

『少年文学』　一八九一年創刊の少年向き文学叢書《そうしょ》。

『二宮尊徳翁』　『少年文学』第七編の二宮尊徳伝。幸田露伴《こうだろはん》の作。

『報徳記』　（一八五六）二宮尊徳の事業を記した書。

を遺《のこ》すことができずとも、二宮金次郎《にのみやきんじろう》的の、すなわち独立生涯《しょうがい》を躬行《きゅうこう》していったならば、我々は実に大事業を遺す人ではないかと思います。

私は時が長くなりましたからもうしまいにいたしますが、常に私の生涯に深い感覚を与《あた》える一つの言葉を皆様《みなさま》の前に繰《く》り返したい。ことに我々の中に一人アメリカのマサチューセット州マウント・ホリーヨーク・セミナリーという学校へ行って卒業してきたかたがおりますが、この女学校は古い女学校であります。大変よい女学校であります。しかしながらもし私をしてその女学校を評せしむれば、今の教育上ことに知育上においては私は決してアメリカ第一等の女学校とは思わない。米国にはたくさんよい女学校がございます。スミス女学校というような大きな学校もあります。またボストンのウェレスレー学校、ヒラデルヒアのブリンモアー学校というようなものがございます。けれどもマウント・ホリーヨーク・セミナリーという女学校は非常な勢力をもって非常な事業を世界になした女学校であります。なぜだといいますと（その女学校はこの節はだいぶよくそろったそうでありますが、このあいだまでは不整頓《せいとん》の女学校でありました。）、それが世界を感化するの勢力をもつ

躬行　自分で行うこと。

マウント・ホリーヨーク・セミナリー　一八三七年に設立された、アメリカの女子専門学校。

に至った原因は、その学校にはエライ非常な女がおった。その人は立派な物理学の機械に優《まさ》って、立派な天文台に優って、あるいは立派な学者に優って、価値《ねうち》のある魂《たましい》をもっておったメリー・ライオンという女でありました。その生涯をことごとく述べることは今ここではできませぬが、この女史が自分の女生徒に遺言《ゆいごん》した言葉は我々の中の婦女を励《はげ》まさねばならぬ、また男子をも励まさねばならぬものである。すなわち私はその女の生涯をたびたび考えてみますに、実に日本の武士のような生涯であります。彼女《かのじょ》は実に義侠心《ぎきょうしん》に充《み》ち満《み》ちておった女であります。彼女は何と言うたかというに、彼女の女生徒にこう言うた。

他の人の行くことを嫌《きら》うところへ行け、

他の人の嫌《いや》がることをなせ。

これがマウント・ホリーヨーク・セミナリーの立った土台石であります。これが世界を感化した力ではないかと思います。他の人の嫌がることをなし、他の人の嫌がるところへ行くという精神であります。それで我々の生涯はその方に向かって行きつつあるか。我々の多くはそうでなくして、他の人もな

メリー・ライオン（一七九七—一八四九）マサチューセッツ州出身の教育家。

義侠心　正義を守り、弱い者を助けようとする心。

すから己《おのれ》もなそうというのではないか。他の人もアアいうことをするから私もソウしようというふうではないか。ほかの人もアメリカへ金もらいに行くから私も行こう、他の人も壮士《そうし》になるから私も壮士になろう、はなはだしきはだいぶこのごろは耶蘇《ヤソ》教が世間の評判がよくなったから私も耶蘇教になろう、というようなものがございます。関東に往《い》きますと関西にあまり多くないものがある。関東には良いものがだいぶたくさんあります。関西よりも良いものがあると思います。関東人は意地《いじ》ということをしきりに申します。意地の悪い奴《やつ》はつむじが曲がっていると申しますが毬栗頭《いがぐりあたま》にてはすぐわかる。頭のつむじがここらに（手真似《まね》にて）こう曲がっている奴は必ず意地が悪い。人が右へ行こうというと左といい、アアしようといえばコウしようというようなふうで、ことに上州《じょうしゅう》人にそれが多いといいます（私は上州の人間ではありませぬけれども）。それで必ずしもこれは誉《ほ》むべき精神ではないと思うが、しかしながら武士の意地というものです。その意地を我々から取り除《の》けてしまったならば、我々は腰抜《こしぬ》け武士になってしまう。徳川家康《とくがわいえやす》のエライところはたくさんありますけれども、諸君のご承知のとおり彼《かれ》が子供のときに川原《かわら》

上州　現在の群馬《ぐんま》県とほぼ重なる旧国名。内村の故郷。

へ行ってみたところが、子供の二群が戦《いくさ》をしておった、石撃《いしぶち》をしておった。家康はこれを見て彼の家来に命じて人数の少ないほうを手伝ってやれと言った。多いほうはよろしいから少ないほうへ行って助けてやれと言った。これが徳川家康のエライところであります。それでいつでも正義のために立つ者は少数である。それで我々のなすべきことはいつでも少数の正義のほうに立って、そうしてその正義のために多勢の不義の徒に向かって石撃をやらなければなりません。もちろん必ずしも負けるほうを助けるというのではない。私の望むのは少数とともに戦うの意地です。その精神です。それは我々の中にみな欲しい。今日我々が正義の味方に立つときに、我々少数の人が正義のために立つときに、少なくともこの夏期学校に来ている者くらいは共にそのほうに起《た》ってもらいたい。それでドウゾ後世の人が我々についてこの人らは力もなかった、富もなかった、学問もなかった人であったけれども、己の一生涯《しょうがい》をめいめいもっておった主義のために送ってくれたといわれたいではありませんか。これは誰《だれ》にも遺《のこ》すことのできる生涯ではないかと思います。それでその遺物《いぶつ》を遺すことができたと思うと実に我々は嬉《うれ》しい、たとい我々の生涯《しょうがい》はドンナ生涯であっても……。

たびたびこういうような考えは起こりませぬか。もし私に家族の関係がなかったならば私にも大事業ができたであろう、あるいはもし私に金があって大学を卒業し欧米へ行って知識を磨《みが》いてきたならば私にも大事業ができたであろう、もし私に良い友人があったならば大事業ができたであろう、こういう考えは人々に実際起こる考えであります。しかれども種々の不幸にうち勝つことによって大事業というものができる、それが大事業であります。それゆえに我々がこの考えをもってみますと、我々に邪魔《じゃま》のあるのはもっとも愉《ゆ》快《かい》なことであります。邪魔があればあるほど我々の事業ができる。勇ましい生涯と事業を後世に遺《のこ》すことができる。とにかく反対があればあるほどおもしろい。我々に友達がない、我々に金がない、我々に学問がないというのがおもしろい。われわれが神の恩恵《おんけい》を享《う》け、我々の信仰《しんこう》によってこれらの不足にうち勝つことができれば我々は非常な事業を遺すものである。我々が熱心をもってこれに勝てば勝つほど、後世への遺物《いぶつ》が大きくなる。もし私に金がたくさんあって、地位があって、責任が少なくして、それで大事業ができたところが何でもない。たとい事業は小さくても、これらのすべての反対にうち勝つことによって、それで後世の人が私によって大いに利益を得るに至るのである。種々の不都合《ふつごう》、種々の反対にうち勝つことが、我々の大事業ではないかと思う。それゆえにヤコブのように、我々の出遭《であ》う艱難《かんなん》について我々は感謝すべきではないかと思います。

　まことに私の言葉が錯雑《さくざつ》しておって、かつ時間も少なくございますから私の考えをことごとく述べることはできない。しかしながら私は今日これで御《ご》免《めん》をこうむって山を降《くだ》ろうと思います。それで来年また再びどこかでお目にかかる時までには少なくとも幾何《いくばく》の遺物を貯《たくわ》えておきたい。この一年の後に我々が再び会しますときには、我々が何か遺しておって、今年は後世のためにこれだけの金を溜《た》めたというのも結構、今年は後世のためにこれだけの事業をなしたというのも結構、また私の思想を雑誌の一論文に書いて遺したというのも結構、しかしそれよりもいっそう良いのは後世のために私は弱いものを助けてやった、後世のために私はこれだけの艱難にうち勝ってみた、後世のために私はこれだけの品性を修練してみた、後世のために私はこれだけの義俠心《ぎきょうしん》を実行してみた、後世のために私はこれだけの情実に勝ってみた、という話をもって再びここに集まりたいと考えます。この心掛《が》けをもって我々が毎年毎日進みましたならば、我々の生涯《しょうがい》は決して五十年や六十年の生涯にはあらずして、実に水の辺《ほと》りに植えたる樹《き》のようなもので、だんだんと芽を萌《ふ》き枝を生じてゆくものであると思います。決して竹に木を接《つ》ぎ、木に竹を接ぐような少しも成長しない価値のない生涯ではないと思います。こういう生涯を送らんことは実に私の最大希望でございまして、私の心を毎日慰《なぐさ》め、かついろいろのことをなすにあたって私を励《はげ》ますことであります。それで私のなお一つの題の「まじめならざる宗教家」というのは時間がありませぬからここに述べませぬ。述べませぬけれども、しかしながら私の精神のあるところは皆様《みなさま》に十分お話しいたしたと思います。己《おのれ》の信ずることを実行するものがまじめなる信者です。ただただ壮言大語《そうげんたいご》することは誰《だれ》にもできます。いくら神学を研究しても、いくら哲学書を読みても、我々の信じた主義をまじめに実行するところの精神がありませぬ間は、神は我々にとって異邦《いほう》人《じん》であります。それゆえに我々は神が我々に知らしたことをそのまま実行い

情実　私情がからまって公平さを欠く事態。

たさなければなりません。こういたさねばならぬと思うたことは我々はことごとく実行しなければならない。もし我々が正義はついに勝つものにして不義はついに負けるものであるということを世間に発表するものであるならば、そのとおりに我々は実行しなければならない。これを称《しょう》してまじめなる信徒と申すのです。我々に後世に遺《のこ》すものは何もなくとも、我々に後世の人にこれぞというて覚えられるべきものは何もなくとも、アノ人はこの世の中に活《い》きている間はまじめなる生涯を送った人であるといわれるだけのことを後世の人に遺したいと思います。（拍手喝采《はくしゅかっさい》）

デンマルク国の話

信仰《しんこう》と樹木《じゅもく》とをもって国を救いし話

曠野《あれの》と湿潤《うるおい》なき地とは楽しみ、
沙漠《さばく》は歓《よろこ》びて番紅《さふらん》のごとくに咲《はなさ》かん、
盛《さかん》に咲きて歓ばん、
喜びかつ歌わん、
レバノンの栄《さか》えはこれに与《あた》えられん、
カルメルとシャロンの美《うるわ》しきとはこれに授けられん、
彼《かれ》らはエホバの栄えを見ん、
我らの神の美しきを視《み》ん。（イザヤ書三五章一、二節）

今日は少しこの世のことについてお話しいたそうとおもいます。デンマルクは欧州《おうしゅう》北部の一小邦《しょうほう》であります。その面積は朝鮮《ちょうせん》と台湾《たいわん》とを除《のぞ》いた日本帝国《ていこく》の十分の一でありまして、わが北海道の半分に当たり、九州の一島に当たらない国であります。その人口は二百五十万でありまして、日本の二十分の一であります。実に取るに足りないような小国でありますが、しかしこの国について多くのおもしろい話があります。

レバノン　パレスチナ北方にそびえる名山。
カルメル　パレスチナ沿岸の山脈。
シャロン　パレスチナ西方の海港ヨッパからカルメル山脈に至る平原。

今、単に経済上より観察を下しまして、この小国の決して侮《あなど》るべからざる国であることがわかります。この国の面積と人口とはとてもわが日本国に及《およ》びませんが、しかし富の程度に至りましてははるかに日本以上であります。その一例を挙げますれば日本国の二十分の一の人口を有するデンマルク国は日本の二分の一の外国貿易をもつのであります。すなわちデンマルク人一人の外国貿易の高は日本人一人の十倍に当たるのであります。もってその富の程度がわかります。ある人のいいまするに、デンマルク人はたぶん世界の中で最も富んだる民であるだろうとのことであります。すなわちデンマルク人一人の有する富はドイツ人または英国人または米国人一人の有する富よりも多いのであります。実に驚《おどろ》くべきことではありませんか。

しからばデンマルク人はどうしてこの富を得たかと問いまするに、それは彼らが国外に多くの領地をもっているからではありません、彼らはもちろん広きグリーンランドをもちます。しかし北氷洋の氷の中にあるこの領土の経済上ほとんど何の価値もないことは何人《なんぴと》も知っております。彼らはまたその面積においてはデンマルク本土に二倍するアイスランドをもちます。しかしその名を聞いてその国の富饒《ふじょう》の土地でないことはすぐにわかります。ほかにわずかに鳥の毛を産するフハロー島があります。またやや富饒なる西インド中のサンクロア、サントーマス、サンユーアンの三島があります。これ確かに富の源《みなもと》でありますが、しかし経済上収支相償《あいつぐな》うこと少なきがゆえに、かつてはこれを米国に売却《ばいきゃく》せんとの計画もあったくらいであります。ゆえにデンマルクの富源《ふげん》といいまして、別に本国以外にあるのでありません。人口一人に対し世界第一の富を彼らに供せしその富源はわが九州大のデンマルク本国においてあるのであります。

しかるにこのデンマルク本国が決して富饒の地と称《しょう》すべきではないのでありません。国に一鉱山あるでなく、大港湾《こうわん》の万国の船舶《せんぱく》を惹《ひ》くものがあるのではありません。デンマルクの富は主としてその土地にあるのであります、その牧場とその家畜《かちく》と、その樅《もみ》と白樺《しらかば》との森林と、その沿海の漁業とにおいてあるのであります。ことにその誇《ほこ》りとするところはその乳産《にゅうさん》であります、そのバターとチーズとであります。デンマルクは実に牛乳をもって立つ国であるということができます。トーヴルドセンを出して世界の彫刻術《ちょうこくじゅつ》に一新紀元

富饒　物資や財産が豊かなこと。

トーヴルドセン（一七七〇―一八四四）デンマークの彫刻家（トーヴァルゼン）。

を画《かく》し、アンデルセンを出して近世お伽話《とぎばなし》の元祖たらしめ、クリーケゴールを出して無教会主義のキリスト教を世界に唱えしめしデンマルクは、実に柔《にゅう》和《わ》なる牝牛《めうし》の産をもって立つ小にして静かなる国であります。

しかるに今を去る四十年前のデンマルクは最も憐《あわ》れなる国でありました。一八六四年に独墺《どくおう》の二強国の圧迫《あっぱく》するところとなり、その要求を拒《こば》みし結果、ついに開戦の不幸を見、デンマルク人は善《よ》く戦いましたが、しかし弱はもって強に勝つ能《あた》わず、デッペルの一戦に北軍敗れてふたたび起《た》つ能わざるに至りました。デンマルクは和を乞《こ》いました、しかして敗北の賠償《ばいしょう》として独墺の二国に南部最良の二州スレスウィグとホルスタインを割譲《かつじょう》しました。戦争はここに終わりを告げました。しかしデンマルクはこれがために窮困《きゅうこん》の極に達しました。もとより多くもない領土、しかもその最良の部分を持ち去られたのであります。いかにして国運を回復せんか、いかにして敗戦の大損害を償《つぐな》わんか、これこの時にあたりデンマルクの愛国者がその脳漿《のうしょう》を絞《しぼ》って考えし問題でありました。国は小さく、民は少なく、しかして残りし土地に荒漠《こうばく》多しという状態《ありさま》でありました。国民の精力はかかるときに試《ため》さるるのでありま

アンデルセン　（一八〇五—七五）デンマークの小説家。
クリーケゴール　（一八一三—一八五五）デンマークの宗教的思想家（キェルケゴール）。
独墺　ドイツとオーストリア。
脳漿　智恵《ちえ》。

す。戦いは敗れ、国は削《けず》られ、国民の意気消沈《しょうちん》し何事にも手のつかざるときに、かかるときに国民の真の価値《ねうち》は判明するのであります。戦勝国の戦後の経営はどんなつまらない政治家にもできます、国威宣揚《こくいせんよう》にともなう事業の発展はどんなつまらない実業家にもできます、難《かた》いのは戦敗国の戦後の経営であります、国運衰退《すいたい》のときにおける事業の発展であります。戦いに敗れて精神に敗れない民が真に偉大《いだい》なる民であります、宗教といい信仰《しんこう》といい、国運隆盛《りゅうせい》のときにはなんの必要もないものであります。しかしながら国に幽暗《くらき》の臨《のぞ》みしときに精神の光が必要になるのであります。国の興《おこ》ると亡《ほろ》ぶるとはこのときに定まるのであります。どんな国にもときには暗黒が臨みます。そのとき、これにうち勝つことのできる民が、その民が永久に栄《さか》ゆるのであります。あたかも疾病《やまい》の襲《おそ》うところとなりて人の健康がわかると同然であります。平常《ふだん》のときには弱い人も強い人と違《ちが》いません。疾病にかかって弱い人は斃《たお》れて強い人は存《のこ》るのであります。そのごとく真に強い国は国難に遭遇《そうぐう》して亡びないのであります。その兵は敗れ、その財は尽《つ》きてそのときなお起こるの精力を蓄《たくわ》えうるものであります。これはまことに国民の試練の時でありま

国威宣揚　国の威光を世界に明示すること。

す。このときに亡びないで、彼《かれ》らは運命のいかんにかかわらず、永久に亡びないのであります。
越王勾践呉《えつおうこうせんご》を破りて帰るではありません、デンマーク人は戦いに敗れて家に還《かえ》ってきました。還りきたれば国は荒《あ》れ、財は尽き、見るものとして悲憤《ひふん》失望の種ならざるはなしでありました。「今やデンマークにとり悪《あ》しき日なり。」と彼らは相互《そうご》に対して言いました。この挨拶《あいさつ》に対して「否《いな》」と答えうる者は彼らの中に一人もありませんでした。しかるにここに彼らの中に一人の工兵士官がありました。彼の名をダルガス（Enrico Mylius Dalgas）といいまして、フランス種のデンマーク人でありました。彼の祖先は有名なるフーゲノット党の一人でありまして、彼らは一六八五年信仰《しんこう》自由のゆえをもって故国フランスを逐《お》われ、あるいは英国に、あるいはオランダに、あるいはプロイセンに、またあるいはデンマークに逃《のが》れ来たりし者でありました。フーゲノット党の人はいたるところに自由と熱信と勤勉とを運びました。英国においてはエリザベス女王のもとにその今や世界に冠《かん》たる製造業を起こしました。その他、オランダにおいて、ドイツにおいて、多くの有利的事業は彼らに

越王勾践呉を破りて帰る　中国、春秋時代の越の王勾践が宿敵の呉を滅《ほろ》ぼした故事。

フーゲノット党　フランスのカルヴァン派プロテスタント教徒（ユグノー）。

よって起こされました。旧《ふる》き宗教を維持《いじ》せんとするの結果、フランス国が失いし多くのものの中に、かの国にとり最大の損失《そんしつ》と称《しょう》すべきものはフーゲノット党の外国脱出《だっしゅつ》でありました。しかして十九世紀の末にあたって彼《かれ》らはいまだなおその祖先の精神を失わなかったのであります。ダルガス、齢《とし》は今三十六歳《さい》、工兵士官として戦争に臨《のぞ》み、橋を架《か》し、道路を築き、溝《みぞ》を掘《ほ》るの際、彼は細かに彼の故国の地質を研究しました。しかして戦争いまだ終わらざるに彼はすでに彼の胸中に故国回復の策を蓄《たくわ》えました。すなわちデンマルク国の欧州《おうしゅう》大陸に連なる部分にして、その領土の大部分を占《し》むるユットランド（Jutland）の荒漠《こうばく》を化してこれを沃饒《よくじょう》の地となさんとの大計画を、彼はすでに彼の胸中に蓄えました。ゆえに戦い敗れて彼の同僚《どうりょう》が絶望に圧《あっ》せられてその故国に帰り来たりし時に、ダルガス一人はその面に微笑《えみ》を湛《たた》えその首《こうべ》に希望の春を戴《いただ》きました。「今やデンマルクにとり悪《あ》しき日なり。」と彼の同僚は言いました。「まことにしかり。」とダルガスは答えました。「しかしながらわれらは外《そと》に失いしところのものを内《うち》において取り返すを得《う》べし、君らと余《よ》との生存中にわれらはユットランドの曠野《こうや》を化して薔薇《バラ》花咲く所となすを

沃饒　土地が肥えて作物がよく実ること。

得べし。」と彼は続いて答えました。この工兵士官に預言者イザヤの精神がありました。彼の血管に流るるフーゲノット党の血はこの時にあたって彼をして平和の天使たらしめました。他人の失望するときに彼は失望しませんでした。彼は彼の国人が剣《けん》をもって失ったものを鋤《すき》をもって取り返さんとしました。今や敵国に対して復讐戦《ふくしゅうせん》を計画するに非《あら》ず、鋤と鍬《くわ》とをもって残る領土の曠漠《こうばく》と闘《たたか》い、これを田園と化して敵に奪《うば》われしものを補《おぎな》わんとしました。まことにクリスチャンらしき計画ではありませんか。真正の平和主義者はかかる計画に出《い》でなければなりません。

しかしダルガスはただに預言者ではありませんでした。彼は単に夢想家《ゆめみるもの》ではありませんでした。工兵士官なる彼は、土木学者でありしと同時に、また地質学者であり植物学者でありました。彼はかくのごとくにして詩人でありしと同時にまた実際家でありました。彼は理想を実現するの術《すべ》を知っておりました。かかる軍人を我々はときどき欧米《おうべい》の軍人の中に見るのであります。軍人といえば人を殺すの術にのみ長じている者であるとの思想は外国においては一般に行われておらないのであります。

ユットランドはデンマルクの半分以上であります。しかしてその三分の一以上が不毛の地であったのであります。面積一万五千平方マイルのデンマルクにとりましては三千平方マイルの曠野《こうや》は過大の廃物《はいぶつ》であります。これを化して良田沃野《りょうでんよくや》となして、外《そと》に失いしところのものを内《うち》にありて償《つぐな》わんとするのがそれがダルガスの夢であったのであります。しかしてこの夢を実現するにあたってダルガスの執《と》るべき武器はただ二つでありました。その第一は水でありました。その第二は樹《き》でありました。荒地《あれち》に水をそそぐを得、これに樹を植えて植林の実を挙ぐるを得ば、それで事は成るのであります。事はいたって簡単であります。しかし簡単ではあるが容易ではありませんでした。世に御《ぎょ》し難《がた》いものとて人間の作った沙漠《さばく》のごときはありません。もしユットランドの荒地がサハラの沙漠のごときものでありましたならば問題ははるかに容易であったのであります。天然の沙漠は水をさえこれにそそぐを得ばそれでじきに沃土《よきつち》となるのであります。しかし人間の無謀《むぼう》と怠慢《たいまん》とに成りし沙漠はこれを回復するにもっとも難《かた》いものであります。しかしてユットランドの荒地はこの種の荒地であったのであります。今より八百年前の昔にはそこに繁茂《はんも》せる良き林がありました。しかして降《くだ》って今より二百年前まではところどころに樫《かし》の林を見ることができました。しかるに文明の進むと同時に人の欲心はますます増進し、彼らは土地より取るに急にしてこれに酬《むく》ゆるに緩《かん》でありましたゆえに、地は時を追うてますます瘠《や》せ衰《おとろ》え、ついに四十年前の憐《あわれ》むべき状態《ありさま》に立ち至ったのであります。しかし人間の強欲《ごうよく》をもってするも地は永久に殺すことのできるものではありません。神と天然とが示すある適当の方法をもってしますれば、この最悪の状態においてある土地をも元始《はじめ》の沃饒《よくじょう》に返すことができます。まことに詩人シルレルのいいしがごとく、天然には永久の希望あり、敗壊《はいかい》はこれをただ人の間においてのみ見るのでありま す。

まず溝《みぞ》を穿《うが》ちて水を注ぎ、ヒーズと称《しょう》する荒野《こうや》の植物を駆逐《くちく》し、これに代《か》うるに馬鈴薯《じゃがたらいも》ならびに牧草《ぼくそう》をもってするのであります。このことはさほどの困難ではありませんでした。しかし難中の難事は荒地に樹を植ゆることでありました、このことについてダルガスは非常の苦心をもって研究しました。植物界広しといえどもユットランドの荒地に適《てき》しそこに成育してレバノンの

シルレル（一七五九—一八〇五）ドイツの劇《げき》作家・詩人（シラー）。

栄《さか》えを呈《あら》わす樹《き》はあるやなしやと彼《かれ》は研究に研究を重ねました。しかして彼の心に思い当たりましたのはノルウェー産の樅《もみ》でありました、これはユットランドの荒地《あれち》に成育すべき樹であることはわかりました。しかしながら実際これを試験《ため》してみまするると、思うとおりにはいきません。樅は生《は》えは生えまするが数年ならずして枯《か》れてしまいます。ユットランドの荒地は今やこの強《きょう》梗《こう》なる樹木をさえ養うに足るの養分を存《のこ》しませんでした。

　しかしダルガスの熱心はこれがためにくじけませんでした。彼は天然はまた彼にこの難問題をも解決してくれることと確信しました。ゆえに彼はさらに研究を続けました。しかして彼の頭脳《あたま》にフト浮かび出ましたことはアルプス産の小樅《こもみ》でありました。もしこれを移植したらばいかんと彼は思いました。しかしてこれを取りきたりてノルウェー産の樅の間に植えましたときに、奇《き》なるかな、両種の樅は相《あい》ならんで生長し、年を経《へ》るも枯れなかったのであります。ここにおいて大問題は釈《と》けました。ユットランドの荒野に始めて緑の野を見ることができました。緑は希望の色であります。ダルガスの希望、デンマルクの希望、その民二百五十万の希望は実際に現れました。

しかし問題はいまだ全く釈けませんでした。緑の野はできましたが、緑の林はできませんでした。ユットランドの荒地より建築用の木林をも伐《き》り得んとのダルガスの野心的欲望は事実となりて現れませんでした。樅はある程度まで成長して、それで成長を止めました、その枯死《こし》はアルプス産の小樅の併《へい》植《しょく》をもって防ぎ得ましたけれども、その永久の成長はこれによって成就《とげ》られませんでした。「ダルガスよ、汝《なんじ》の預言せし材木を与《あた》えよ。」と言いてデンマルクの農夫らは彼に迫《せま》りました。あたかもエジプトより遁《のが》れ出《い》でしイスラエルの民が一部の失敗のゆえをもってモーセを責めたと同然でありました。しかし神はモーセの祈願《ねがい》を聴《き》きたまいしがごとくにダルガスの心の叫《さけ》びをも聴きたまいました。黙示《もくし》は今度は彼に臨《のぞ》まずして彼の子に臨みました、彼の長男をフレデリック・ダルガスといいました。彼は父の質《たち》を受けて善《よ》き植物学者でありました。彼は樅の成長について大なる発見をなしました。

若きダルガスは言いました、大樅《おおもみ》がある程度以上に成長しないのは小樅をいつまでも大樅のそばに生やしておくからである。もしある時期に達して小樅を切り払《はら》ってしまうならば大樅は独り土地を占領《せんりょう》してその成長を続けるであろうと。しかして若きダルガスのこの言を実際に試《ため》してみましたところが実にそのとおりでありました。小樅《こもみ》はある程度まで大樅《おおもみ》の成長を促《うなが》すの能力《ちから》をもっております。しかしその程度に達すればかえってこれを妨《さまた》ぐるものである、との奇態《きたい》なる植物学上の事実が、ダルガス父子によって発見せられたのであります。しかもこの発見はデンマルク国の開発にとりては実に絶大なる発見でありました、これによってユットランドの荒地《あれち》挽回《ばんかい》の難問題は解《かい》釈《しゃく》されたのであります。これよりして各地に鬱蒼《うっそう》たる樅の林を見るに至りました。一八六〇年においてはユットランドの山林はわずかに十五万七千エークルに過ぎませんでしたが、四十七年後の一九〇七年に至りましては四十七万六千エークルの多きに達しました。しかしこれなお全州面積の七分二厘《りん》に過ぎません。さらにダルガスの方法にしたがい植林を継続《けいぞく》いたしますならば数十年の後にはかの地に数百万エークルの緑林を見るに至るのでありましょう。実に多望と謂《いい》つべしであります。

　しかし植林の効果は単に木材の収穫《しゅうかく》に止《とど》まりません。第一にその善《よ》き感化を蒙《こうむ》りたるものはユットランドの気候でありました。樹木のなき土地は熱し

エークル
一エークル（エーカー）は約四十アール。

やすくして冷めやすくあります。ゆえにダルガスの植林以前においてはユットランドの夏は昼は非常に暑くして、夜はときに霜《しも》を見ました。四六時中に熱帯の暑気と初冬の霜を見ることでありますれば、植生《しょくせい》は堪《たま》ったものでありません。その時にあたってユットランドの農夫が収穫成功の希望をもって種《う》ゆるを得し植物は馬鈴薯《じゃがたらいも》、黒麦、その他少数のものに過ぎませんでした。しかし植林成功後のかの地の農業は一変しました。夏期の降霜《こうそう》は全く止《や》みました。今や小麦なり、砂糖大根なり、北欧《ほくおう》産の穀類または野菜にして、成熟せざるものなきに至りました。ユットランドは大樅の林の繁茂《はんも》のゆえをもって良き田園と化しました。木材を与《あた》えられし上に善き気候を与えられました、植ゆべきはまことに樹《き》であります。

しかし植林の善き感化はこれに止まりませんでした。樹木の繁茂は海岸より吹き送らるる砂塵《すなぼこり》の荒廃《こうはい》を止めました。北海沿岸特有の砂丘《すなやま》は海岸近くにくい止められました、樅は根を地に張りて襲《おそ》いくる砂塵に対していいました、

ここまでは来《きた》るを得《う》べし

しかしここを越《こ》ゆべからず

と（「ヨブ記」三八の一一）。北海に浜《ひん》する国にとりては敵国の艦隊《かんたい》よりも恐るべき砂丘《すなやま》は、戦闘艦《せんとうかん》ならずして緑の樅《もみ》の林をもって、ここにみごとに撃退《げきたい》されたのであります。

霜《しも》は消え砂は去り、その上に第三に洪水《こうずい》の害は除かれたのであります。これいずこの国においても植林の結果としてじきに現るるものであります。もちろん海抜《かいばつ》六百尺をもって最高点となすユットランドにおいてはわが邦《くに》のごとき山国《やまぐに》におけるごとく洪水の害を見ることはありません。しかしその比較《ひかく》的に少なきこの害すらダルガスの事業によって除かれたのであります。

かくのごとくにしてユットランドの全州は一変しました。廃《すた》りし市邑《しゆう》は再び起こりました。新たに町村は設けられました。地価は非常に騰貴《とうき》しました、ある所においては四十年前の百五十倍に達しました。道路と鉄道とは縦横《たてよこ》に築かれました。わが四国全島にさらに一千方マイルを加えたるユットランドは復活しました、戦争によって失いしスレスウィグとホルスタインとは今日すでに償《つぐな》われてなお余りあるとのことであります。

しかし木材よりも、野菜よりも、穀類よりも、畜類《ちくるい》よりも、さらに貴《たっと》きも

市邑
街や村。

のは国民の精神であります。デンマルク人の精神はダルガス植林成功の結果としてここに一変したのであります。失望せる彼《かれ》らはここに希望を回復《かいふく》しました、彼らは国を削《けず》られてさらに新たに良き国を得たのであります。しかも他人の国を奪《うば》ったのではありません。己《おのれ》の国を改造したのであります。自由宗教より来る熱誠と忍耐《にんたい》と、これに加うるに大縦《おおもみ》、小縦《こもみ》の不思議なる能力《ちから》とによりて、彼らの荒《あ》れたる国を挽回《ばんかい》したのであります。

ダルガスの他の事業について私は今ここに語るの時をもちません。彼はいかにして砂地《すなじ》を田園に化せしか、いかにして沼地《ぬまち》の水を排《はら》いしか、いかにして磽地《いしじ》を拓《ひら》いて果園を作りしか、これ植林に劣《おと》らぬおもしろき物語でありますす。これらの問題に興味を有せらるる諸君はじかに私についてお尋《たず》ねを願います。

自由宗教　国家の宗教（国教）とは異なる、個人の自由な信《しん》仰《こう》に基づく宗教。

＊　　＊　　＊　　＊

今、ここにお話しいたしましたデンマルクの話は私どもに何を教えますか。第一に戦敗必ずしも不幸にあらざることを教えます。国は戦争に負けても亡《ほろ》びません。実に戦争に勝って亡びた国は歴史上決して少なくないのであります。国の興亡《こうぼう》は戦争の勝敗によりません、その民の平素の修養によります。善《よ》き宗教、善き道徳、善き精神ありて国は戦争に負けても衰《おとろ》えません。否《いな》、その正反対が事実であります。牢固《ろうこ》たる精神ありて戦敗はかえって善き刺激《しげき》となりて不幸の民を興《おこ》します。デンマルクは実にその善き実例であります。

第二は天然の無限的生産力を示します。富は大陸にもあります、島嶼《とうしょ》にもあります。沃野《よくや》にもあります、沙漠《さばく》にもあります。大陸の主《ぬし》必ずしも富者ではありません。小島の所有者必ずしも貧者ではありません。善くこれを開発すれば小島も能《よ》く大陸に勝《まさ》るの産を産するのであります。ゆえに国の小なるは決して嘆《なげ》くに足りません。これに対して国の大なるは決して誇《ほこ》るに足りません。富は有利化されたるエネルギー(力)であります。しかしてエネルギーは太陽の光線にもあります。海の波濤《なみ》にもあります。吹く風にもあります。噴火《ふんか》する火山にもあります。もしこれを利用するを得ますれば、これらはみなことごとく富源《ふげん》であります。必ずしも英国のごとく世界の陸面六分の一の持ち主となるの必要はありません。デンマルクで足ります。しかり、それよりも小なる国で足ります。外《そと》に拡《ひろ》がらんとするよりは内《うち》を開発すべきであります。

第三に信仰《しんこう》の実力を示します。国の実力は軍隊ではありません、軍艦《ぐんかん》ではありません。はたまた金ではありません、銀ではありません、信仰であります。このことに関しましてはマハン大佐もいまだ真理を語りません、アダム・スミス、J・S・ミルもいまだ真理を語りません。このことに関して真理を語ったものはやはり旧《ふる》い『聖書』であります。

もし芥種《からしだね》のごとき信仰あらば、この山に移りてここよりかしこに移れと命《い》うとも、必ず移らん、また汝《なんじ》らに能《あた》わざることなかるべし

とイエスはいいたまいました（「マタイ伝」一七の二〇）。また

おおよそ神によりて生まるる者は世に勝つ、我らをして世に勝たしむるものは我らの信なり

と聖ヨハネはいいました（「ヨハネ第一書」五の四）。世に勝つの力、地を征《せい》服《ふく》する力はやはり信仰であります。フーゲノット党の信仰はその一人をもって鋤《すき》と樅樹《もみのき》とをもってデンマルク国を救いました。よしまたダルガス一人に信仰がありましてもデンマルク人全体に信仰がありませんでしたならば、彼《かれ》

マハン大佐（一八四〇―一九一四）アメリカの海軍将校・作家。

アダム・スミス（一八四六―一九四）イギリスの経済学者。

J・S・ミル（一八〇六―七三）イギリスの経済学者・哲学者。

の事業も無効《むこう》に終わったのであります。この人あり、この民あり、フランスより輸入されたる自由信仰《しんこう》あり、デンマルク自生の自由信仰ありて、この偉《い》業《ぎょう》が成ったのであります。宗教、信仰、経済に関係なしと唱うる者は誰《だれ》でありますか。宗教は詩人と愚人《ぐじん》とに佳《よ》くして実際家と智者《ちしゃ》に要なしなどと唱うる人は、歴史も哲学も経済も何にも知らない人であります。国にもしかかる「愚《おろ》かなる智者」のみありて、ダルガスのごとき「智《さと》き愚人」がおりませんならば、不幸一歩を誤りて戦敗の非運に遭《あ》いまするならば、その国はそのときたちまちにして亡《ほろ》びてしまうのであります。国家の大危険にして信仰を嘲《あざけ》り、これを無用視するがごときことはありません。私が今日ここにお話しいたしましたデンマルクとダルガスとに関する事柄《ことがら》は大いに軽佻《けいちょう》浮薄《ふはく》の経世家を警《いまし》むべきであります。

軽佻浮薄　かるはずみで、あさはかなさま。

経世家　政治家。

詩人ワルト ホイットマン
WALT WHITMAN

地と人

米国は大国である、太平洋より大西洋まで、ミシシピ河の源《みなもと》よりその河口まで、広袤《こうぼう》三百万方哩《マイル》、その中に世界最大の原野がある、最大の河がある、最大の湖水がある、最大の瀑布《ばくふ》がある、その他なお最大と称《しょう》すべきものが少なくない、米国は多くの点において世界最大の国である。

もし地があるごとく人があるとならば米国は大人物を産すべき国である、ナイヤガラの瀑《たき》が人と成って轟《とどろ》くもの、ミシシピの流れが人と成って灌《みずそそ》ぐもの、ロッキー山のごとく高きもの、チェサピーク湾《わん》のごとく深き人物を産すべきである、そうして米国は今日までその短き歴史において多くの世界的人物を生じた、政治家としてはワシントン、ジェフワソン、フランクリン、リンコルン、宗教家としてはジョナサン・エドワード、文士としてはエマソン、トロー、これみな世界第一流の人物である、米国が世界に向かって誇《ほこ》るべきものはその養豚《ようとん》の群れではない、その鋼鉄《こうてつ》と銑鉄《せんてつ》とではない、その蛛《くも》の巣のごとき鉄道ではない、まことにその産せし人物である、その、彼《かれ》らによりて

ミシシピ河　メキシコ湾に注ぐ北アメリカの大河。
広袤　広さ。
三百万方哩　方マイルは、平方マイル。一マイルは約一・六キロメートル。
瀑布　滝。
ナイヤガラの瀑　アメリカ合衆国とカナダとの国境にある世界最大の大滝。
ロッキー山　北アメリカ大陸北西部の大山脈。

唱えられし自由である、その、彼らによりて施《ほどこ》されし人道である、まことにかつてカーライルがいいしごとく、英人の誇るべきものはその領土たる印度《インド》に非《あら》ずして、その所有たる沙翁《シェイクスピア》の作であるがごとく、米国の誇るべきものはそのフイリピン群島に非ずしてそのエマソン集である、そのジョナサン・エドワードの神学論である、米国の偉大《いだい》なるはその沃饒《よくじょう》なる原野において非ずして、その無私なる政治家において在《あ》る、その宏闊《こうかつ》なる文士においてある、その神と交わる最も深き宗教家においてある、もし彼らにして微《な》からんか、ペルシルバニヤの炭山《たんざん》何かある、ネバダの金鉱何かある、テキサスの水田何かある、カリホルニヤの果園何にかある、ミネソタの麦田何かある、吾人《ごじん》は米国の産せし人物を羨《うらや》む、そのワシントン府の金庫に堆積《たいせき》さるる銹《さ》び腐《くさ》る金と銀とを羨まない、前なるものは永久の宝である、後なるものは塵芥《じんかい》と糞土《ふんど》とである。

今の米国人

しかしながら惜《お》しむべし今の米国人は前の米国人ではない、彼らは今やそ

チェサピーク湾　アメリカ大西洋岸で最大の奥行きをもつ湾。

ワシントン（一七五九―一八一五）アメリカ合衆国初代大統領。

ジェフワソン（一七四三―一八二六）アメリカ合衆国第三代大統領（ジェファーソン）。

フランクリン（一七〇六―九〇）アメリカの政治家・科学者。

リンコルン（一八〇九―六五）アメリカ合衆国第十六代大統領（リ

の天与《てんよ》の富の呑《の》むところとなりつつある、しかり、彼《かれ》らの多数はすでにすでにその呑み去るところとなった、彼らは今や神と自由とを追い求めずして土と金とを求む、彼らは今や天に宝を蓄《たくわ》えんとせずして地に大なる者と成らんと欲《ほっ》する、彼らの理想的人物は今や純然たる地的人物である、コンコルドの哲人《てつじん》に非《あら》ずして新聞王ハーストである、石油王ロックフェラーである、政治家としては彼らは自由の戦士たるジェフワソンのごとき者を迎《むか》えずして精力の人なるルーズベルトのごとき人を仰《あお》ぐ、宗教家としては彼らはジョナサン・エドワードのごとき高士を尊まずして、「宗教界の成功者」を貴《たっと》ぶ、主義は今や米国において滅《ほろ》びつつある、歌は絶え、理想は消えつつある、米国に今響《ひび》きわたるものはワルデン湖辺より出《い》でし文士トローの天然の声ではない、製造所の槌《つち》の声である、両換《りょうがえ》店の貨幣《かへい》の音である、Does it pay?「果たして勘定《かんじょう》に合うか。」と、これ今やほとんどすべての米国人が何事についても提出する問題である、何事も方法と化し、何事も会計吏《り》の手に渡《わた》りつつある、政治はもちろん、思想も美術も、しかり神学と伝道とまでが弗《ドル》と仙《セント》によりて計算されつつある、実に米国の今の状態ほど浅ましきものはない、全人類の希

ンカーン)。

ジョナサン・エドワード　(一七〇三―五八)アメリカ植民地時代の神学者。

エマソン　(一八〇三―八二)アメリカの思想家・詩人。

トロー　(一八一七―六二)アメリカの随筆《ずいひつ》家(ソロー)。

シェイクスピア　(一五六四―一六一六)イギリスの劇《げき》作家・詩人。

天与の富　豊かな自然資源《しげん》。

望を脊《せ》に担《にの》うて起《た》ちしこの国と民とは今やローマの共和国の取りし滅亡《ほろび》の道に進みつつある、彼にして亡《ほろ》びんか、人類は誰《だれ》によりて自由の光明に入らんとかする、余輩《よはい》この事を思い、太平洋の水に臨《のぞ》み東の方遥《はる》かに西大陸を想望するとき、また洋底を潜《くぐ》りて余輩に達する電報を読むときに長大息を発すること、幾回《いくかい》なるを知らない。

米国の希望

しかしながら、神は未《いま》だ米国を棄《す》てたまわない、彼は今なお預言者を送りて之を警《いまし》めたもう、よしその文士も宗教家も今や奴僕《どぼく》の一種と化し、富豪《ふごう》の門に座してその案《だい》より落ちるパンの余屑《くず》にて養われんと欲する者となりしといえども、ロッキー山の霊《れい》は未だ眠らない、ミシシピの魂《たましい》は未だ尽《つ》きない、米国の山野は今なお真個の自由を宿している、詩人ブライアントの愛せし森は今なお自由の風に揺《ゆ》るぎつつある、ワルデンの小湖は今なお天の碧《みどり》を映して自由の水を湛《たた》えつつある、ああハドソン、ああデラウェヤ、ああコンネチカット、ああメリマック、汝《なんじ》の水の尽きざる間は汝の岸に自由を尽きざらし

コンコルドの哲人　エマソンのこと。

ハースト　（一八六三―一九五一）二十以上の新聞および多数の雑誌や放送局を経営。

ロックフェラー　（一八三九―一九三七）アメリカの大実業家。全米の石油業界を支配。

ルーズベルト　（一八五八―一九一九）アメリカ合衆国第二十六代大統領。

ワルデン湖　アメリカ北東部ボストン近郊《きんこう》の湖（ウォールデン湖）。

めよ、ホイッチャーを起こし、ブライアントを起こして止《や》むなかれ、汝《なんじ》の米国を救えよ、しかして米国をもって全世界を救えよ。

ワルト　ホイットマン

しかしてこの天職をもって生まれ来たりし者がワルト・ホイットマンである、純粋《じゅんすい》の米人、旧世界の痕跡《こんせき》をだも留《とど》めず、その骨の髄《ずい》まで新世界の人たりしはこの人である、彼《かれ》に旧《ふる》きはなかった、彼はすべて新しくあった、彼に帝王《ていおう》も監督《かんとく》もなかった、彼にただ平民があったのみである、彼には過去はなかった、現在と未来とがあったのみである、彼は貧しき人なりしも大手を揮《ふる》って人生の大道を歩んだ、彼は純粋の米人であった、すなわち「人」であった、勲章《くんしょう》も位階《いかい》も何《も》有たざる、またこれを求めざる、しかりこれを賤《いやし》めたる「アダムの子供」の一人であった。

彼の生涯《しょうがい》

彼の生涯は実に単純なるものであった、一八一九年五月三十一日、ニュー

ブライアント　(一七九四―一八七八)アメリカの詩人・ジャーナリスト。
ハドソン　アメリカ東部のニューヨーク州の川。
デラウェヤ　アメリカ東部のデラウェア州の川。
コンネチカット　アメリカ東部のニューイングランド州の川。
メリマック　アメリカ北東部ニューハンプシャーとマサチューセッツ両

ヨルク州ロングアイランドなるウェストヒルの父の農舎に生まれ、長じてブルックリン市の某《ぼう》新聞社に雇《やと》われ、二十歳《さい》にして独力をもって『ロングアイランダー』なる週刊雑誌を発刊し（今なお存す）、なおこれにあきたらずして再びブルックリン市に出てその『イルグル』新聞の編輯《へんしゅう》室に入り、ここにやや満足なる地位を保ちしが、ある意見の衝突《しょうとつ》よりしてまたここを去り、遠く南方ニューオリン市に遊び、そこに『クレセント』新聞の編輯主任たりしが、北方恋しさに再び故郷に還《かえ》り、自ら小なる書店を開き、同時にまた『フリーマン』なる新聞を発行し、ここに彼の終生の事業なる『草の葉』の著作に着手した、しかるに南北戦争の始まるありて彼の兄弟の一人の戦地に在《あ》りて負傷せしを聞きたれば、直ちに筆を投じて応援《おうえん》に赴《おもむ》き、彼を野戦病院に看護して健康に復さしめた、しかるに多数の同胞《どうほう》の傷と病に苦しむを見て還るに忍《しの》びず、ここに純然たる看護卒と化し、戦争終わるまで戦地にとどまった、後、大統領リンコルンの知遇《ちぐう》を得て中央政府に官吏《かんり》たりしも、暫時《ざんじ》にして職を辞し、フィラデルフヒヤ市外、カムデンの地に一小屋を借り受け、ここに家僕《かぼく》一人とともに淡《あわ》き貧しき生涯を送り、一八九二年三月二十七日、七十三歳を

州にまたがる川。

ホイッチャー　（一八〇七—九二）アメリカのクェーカーの詩人。

アダム　旧約聖書にあらわれる、神の創造した最初の人間。

『草の葉』　ホイットマンの詩集（一八五五）。

南北戦争　（一八六一—六五）アメリカ合衆国北部と南部との間に起こった内乱。

カムデン　アメリカニュー

もって飾《かざ》りなき彼《かれ》の一生を終わった。
以上は彼の外面の生涯《しょうがい》である、一平民の平凡《へいぼん》なる生涯である、彼の平生を視《み》て誰《だれ》も彼が世界大の詩人であって、新大陸の預言者でありしことを識《し》らなかった、衷《うち》に大なる者は常に外に小である、彼が外に鳴らないのは衷に深いからである、ホイットマンは理想的米国人であった、ゆえに平服と平屋と平食とのほかに何の欲も望みもなかった。

金銭を賤《いや》しむ

しからば彼の富とは何でありしか、もちろん金ではなかった、拝金宗の米国に生まれて彼ほど金銭に淡白《たんぱく》なる者はなかった、彼は幾回《いくかい》か彼の手に落ち来たりし有利なる事業を放棄《ほうき》した、彼はかつていうた、
『余《よ》は金銭を賤しむ。』
と、彼は弗《ドル》の表号をすらも知らざりしとのことである、彼の金銭の受取証には$は常に¢と記されしとのことである、米国の繁栄《はんえい》を誇《ほこ》ってやまざりしこの人は米国の富を弗において認めなかった。

ジャージー州南西部の町。

拝金宗　金銭を甚《はなは》だしく重んじる人々を指す。

自修の人　先生につかず自《おさ》分で学問を修める人。

ウォルター　スコット（一七七一―一八三二）イ

学問の人に非《あら》ず

しからば彼の富は学問においてありしかというに、そうでもない、前にも述べしごとく彼は学校において学んだ人ではない、彼は一つの学位をも有《も》たなかった、彼の学問は人生の活劇《かつげき》において得たものである、ゆえに彼はおのずから無学の平民を貴《たっと》んで、鼻眼鏡《はなめがね》の下に学問を誇る学者を賤しんだ、彼は

『天真にして気取《きど》らざる者』

を愛した、また

『能力《ちから》ある教育なき人』

を尊んだ、彼はもちろん、自身教育のない人ではなかった。彼は自修の人であった、十六歳《さい》の時ウォルター スコットの詩集一冊を購《あがな》い、これを五十年間の彼の侶伴《りょはん》としたとのことである、また時には独り海浜《かいひん》に至り、その砂の上に、また樹影《じゅえい》の下に、旧新両約聖書、シェクスピヤ、ホーメル、エスキラス、ソフォクリス、ゲーテ、ダンテ等の作を読んだとのことである、彼は常にいうた、

ギリスの詩人・小説家。

ホーメル　古代ギリシャの詩人(ホーマー)。

エスキラス　(前五二五―四五六)古代ギリシャの悲劇《ひげき》詩人 (アイスキュロス)。

ソフォクリス　(前四九六頃―四〇六)古代ギリシャの悲劇詩人。

ゲーテ　(一七四九―一八三二)ドイツの作家・詩人・政治家。

ダンテ　(一二六五―一三二一)イタリアの詩人。

『書はこれを読む場所によりてその価値を異にす。』

と、すなわち以上のごとき大著述はこれ室内において読むべきものではない、青き海原《うなばら》に面し、青き空の下に、自由の風に吹かれながら読むべきものであるとのことである、彼《かれ》はまた彼の母国の言語のほか、別に外国語を解し得なかった、ゆえにホーマー、ゲーテ、ダンテ等はすべて翻訳《ほんやく》書によりて読んだというておる、まことに大詩人としては有名なるジョン バンヤンにも劣《おと》らざる寡聞浅学《かぶんせんがく》の士であった、しかし彼は少しも彼の無学を耻《はじ》としなかった。

文才の人に非《あら》ず

しからば彼に文才があったかというにそれも無かった、余輩《よはい》は彼は詩人なりと言う、しかしながらこれ彼自身が自己についていうたところであって、世が彼についていうたことではない、彼の詩なるものは文学上のいかなる標準に照らしてみても詩ではない、これに韻《いん》もなければ、律《りつ》もない、ただの散文そのままである、また散文にしても美文ではない、重苦しいところもあれば俗語《ぞくご》そのままのところもある、英語を解しうる読者は左の二三の例によって彼の文体いかんをうかがうべきである。

"I celebrate myself, and sing myself,
And what I assume you shall assume,
For every atom belonging to me as good belongs to you."

"Walt Whitman, a kosmos, of Manhattan the son,
Turbulent, fleshy, sensual, eating, drinking and breeding,
No sentimentalist, no stander above men and women or apart from them,
No more modest than immodest."

"O my brave soul!
O farther, farther sail!
O daring joy, but safe! Are they not all the seas of God?
O farther, farther, farther sail!"

これ詩であるといえば詩である、しかし普通《ふつう》の意味においてはどうしても

詩でない、詩人コレリッジの定義によれば
『詩は最も美《よ》き思想を最も美き言葉をもって表したるものなり。』

とのことであるが、ホイットマンの詩なるものはその思想のいかんは別問題として、その言葉は決して「美き言葉」ではない、ゆえに詩人スウィンバルンのごときは彼《かれ》を評していうた、

『泥溝《どろみぞ》の中に転《まろ》ぶ飲んだくれの婦人のごとし。』

と、実に職業的詩人の眼《め》には彼は多分こう見えたのであろう、しかしながら世の文士と批評家とを眼中に置かざりし彼ホイットマンはかかる批評には何の注意をも払《はら》わなかった、彼は自ら断じていうた「我は詩人なり。」と、しかして彼は詩をもって万世を化せんとした。

彼の特有物

しからば彼の富は何において在《あ》りしかというに、正直なる清き心より出《い》でたる理想において在った、彼は詩人の天職を詠《えい》じていうた、

『大なる理想が

コレリッジ（一七七二―一八三四）イギリスのロマン派詩人・哲学者。

スウィンバルン（一八三七―一九〇九）イギリスの詩人・評論家。

噫《ああ》、我が兄弟よ、大なる理想が詩人の天職なり。』

と、しかして理想の一点においては彼は実に実に豊富であった、実に理想の一点においては彼は詩人中の帝王《ていおう》であった、余輩《よはい》の見るところをもってすればこの点においては彼は確かに余輩の知るすべての詩人の及《およ》ぶところでない、ウォルズオスも及ばない、ブライアントも及ばない、ダンテ、ゲーテといえども決して彼のごとく豊富でないと思う、ホイットマンの一行《いちぎょう》は一大思想である、これを伸《の》ばして一長篇《ちょうへん》となすことができる。

ウォルズオス（一七七〇―一八五〇）イギリスのロマン派詩人（ワーズワーズ）。

彼の詩題

もちろん今ここに彼の著作についてすべてを語ることはできない、しかれどもそのいかなるものなりしかは彼の詩題を一見してわかる、『草の葉』とは彼が彼の詩集全体に与《あた》えし題目である、しかしてその中に幾箇《いくこ》の部門がある、その一は「自己の歌」である、その第二は「男女両性の歌」である、その他「戦争の歌」がある、「死の歌」がある、「平民国の歌」がある、しかしてまた各部門の中に幾箇の短篇《たんぺん》、長篇があるが、多くは別に詩題を設けず、その発端《ほったん》の句をもって名としている、「平民国の歌」の一つを「青きオンタリオの岸において」という、これその発端の句である、「死の歌」の中にアブラハム・リンコルンの死を悼《いた》める歌がある、彼《かれ》の作中最も優美なるものの一つである、

“When lilacs last in the dooryard bloom'd.”

『丁香花《ちやうこうくわ》が最後に戸口の庭に咲きし時に』

これこの優篇《ゆうへん》の命題である、題、奇抜《きばつ》にして、作、平凡《へいぼん》なるが平凡詩人の常である、しかれども、題、平凡にして、作、非凡なるがこの人の特質である、彼は彼の作を総称《そうしよう》して『草の葉』というた、まことに謙遜《けんそん》なる名である、しかしながら、謙遜なるだけそれだけ深遠かつ雄大である。

彼の目的

今より少しく彼の預言について述べんに、（余輩《よはい》は彼の預言というて詩想といわない、それは彼は詩人であるよりはむしろ預言者であったからである）、彼は一つの道徳的目的をもって世に起《た》った者である、彼は美文を弄《ろう》するには

丁香花　ライラック。リラ。

あまりにまじめであった、彼は彼の作詩の目的の一つとしていうた、

『余が『草の葉』を発刊するに至りし主なる動機は合衆国発展最終の目的は心霊的《しんれい》にしてまた神人的たらざるべからずとの余の確信に存す、この発展を促《うなが》し、これを扶《たす》くること……少なくともこれに人の注意を惹《ひ》き、あるいはその必要を感ぜしむること……これこの詩集の目的の初めにして、その中にしてその終わりなり。』

と、前にも述べしがごとく彼の目的とせし読者は上流社会の人ではなかった、彼はいうた、

『余がこの書においてその始めより終わりに至るまで一歩も譲《ゆず》ることなく、余の目的とするところのものは労働の男と労働の女となり。』

と、しかして
『彼らに盈《み》たすに強健にして純潔なる人格と宗教心とをもってし、しかして彼らに根本的の所有物また常習として善良なる心を供せん。』

こと、これ詩人としての、また預言者としての彼の終生の目的であった。

彼《かれ》の宗教

ゆえにまず始めに彼の宗教について語ろう、人には何人《なんぴと》にも宗教がなくてはならない、まして詩人においてをや、ワルト ホイットマンにもまた宗教があった、しかしいかなる宗教か、彼は確かに世にいわゆるキリスト信者ではなかった、彼はしばしば明言していうた、

『余《よ》は正統派の信者に非《あら》ず。』

と、しかして彼の国人もまた彼をキリスト信者として認めなかった、彼らは彼は万有神教徒《パンセイスト》なりというた、彼はメッタに神とキリストとの名を用いなかった、彼の詩を通読して彼が宗教家のいわゆる善男善女の中に加わるべき者でないことはよくわかる、しからば彼は無宗教の人であったかというに、決して、否《いな》決してそうでない、彼はまことに「神に酔《よ》うたる人」であった、彼あまりに神と親しかりしがゆえに無神論者のように見えたる人であった、彼を万有神教徒と嘲《あざ》けりし米国のキリスト信者は同じ忌《いま》わしき名をエマソンにも与《あた》えた、彼らはトローをも、カーライルをも神の預言者として認めなかっ

万有神教徒　全《すべ》てのものは神であるとする汎《はん》神教《しんきょう》の信徒。

た、ゆえに彼らが彼らの中に起こりし神のこの寵児《ちょうじ》の真価を認め得《え》なかったことはあえて怪《あや》しむに足りない、預言者は常に教会の外に起こる、昔時《せきじ》のユダヤ国においてもそうであった、今の米国においてもそうである。

宗教とよ、ホイットマンはいうた、

『余は曰《い》ふ全世界と空天に懸《かか》るすべての星は宗教のためなりと、
余は曰ふ人は未《いま》だ曾《かつ》て彼がなるべき丈《だ》けそれ丈け半分も敬虔《けいけん》ならざりしと、
何人も未だ曾て為《な》すべき丈けそれ丈け半分も神を拝せず又之《またこれ》を敬《うや》まはず、
何人も未だ曾て彼自身が如何《いか》に神聖なる乎《か》未来が如何に確実なる乎に就《つい》て考ふべく始めもせずと。

余は曰ふ此《この》国の真正の且《か》つ永久の偉大《いだい》は其《その》宗教にありと、
之に由《よ》らずして真正の且つ永久の偉大あることなしと、
宗教なくして品性も亦《また》生涯《しやうがい》と称《しょう》すべき生涯あるなしと、
宗教なくしてまた国も男も女もあるなしと。』

神の存在について彼《かれ》はいうた、

『余《よ》は万物に就《つい》て神を見且《か》つ神に聴《き》く、然《しか》れども未《いま》だ少しも神を解せず、
余は四六時中、一時として又一瞬間《またいっしゅんかん》として神に就て或物《あるもの》を見ざる時なし、
余は男と女との面に於《おい》て神を見る、又鏡に対し余の面に於て神を見る、
余は神よりの書翰《ふみ》を途上に於て拾《ひろ》ふ、皆《み》な神の手を以《もっ》て署名さる、
余は之《これ》を元の所に遺《のこ》す、そは余は何処《どこ》に往《ゆ》くと雖《いへど》も
尚《な》ほ他に彼よりの書翰が時を定めて余の手元に達するを知ればなり。』

と、彼は真に使徒パウロのごとく、

『神に頼《たよ》りて生き、又動き、又存在することを得し者』

であった、ゆえに彼はもちろん霊魂《れいこん》の不滅《ふめつ》を信じた、固く固く信じた、彼はいうた、

『余は知る余は不滅なることを、
余は知る余の生涯《しやうがい》の軌道《きだう》は大工のぶんまわしに由《より》て限らるゝ者にあらざることを、

ぶんまわし　コンパス。

余は知る余は小児《せうに》が焼箸《やけばし》を以て暗中に画《か》く火の輪《わ》の如《ごと》くに消え去る者に
あらざることを、
余は知る余は尊厳なることを、
余は自己を弁明する為《ため》に心を苦《くるし》めず、又人に了解《れうかい》せられんとせず。
余の往くべき所は定まれり、確実なり、主は其処《そこ》に在《まし》まして余が彼と同
等の権利を以て彼に来《きた》るまで余を待ち給《たま》ふ、
大なる仲間、我の恋慕《こひした》ふ真実の恋人は其処にあり。』

霊魂の不滅と神の愛とについてこれより強くいうことはできない、この確言を発し得《う》る者はキリスト教会内にはメッタにおらない、これは議論ではない、実験である、実験にとどまらない、確信である、世には教会の大監督《かんとく》、大神学者にしてこの確信の半分をも有《も》たない者がたくさんいる。

彼の天然観

以上は彼の宗教観である、しからば彼の天然観はどうであったかというに、彼は哲学者ではなかったから彼に組織だったる天然観はなかった、彼は彼の

標語として、
"Ensemble, Evolution, Freedom"
『合一、進化、自由』
を掲《かか》げているがゆえに、彼《かれ》の天然観は進化論であるかというに必ずしもそうではない、彼は天然の無限大なるを知りしがゆえにこれを小なる博物館におけるがごとくに彼の小なる脳裏《のうり》に収めんとはしなかった、彼はただ天然を愛した、非常に愛した、熱切に愛した、深刻に愛した、彼の天然観はむしろ天然愛であった、ゆえに天然は彼の熱愛に報いんがために彼女の秘密を彼に伝えた、ワルト ホイットマンは激甚《げきじん》の愛をもって天然の衷心《ちゅうしん》にせまりその恋愛をかち得た者である。

　彼の有名なる一句は左のごときものである、

『小児《せうに》あり、其《その》手を拡《ひろ》げ、我に草一茎《いっけい》を齎《もたら》して曰《いは》く草とは何ぞやと、
我《わ》れ如何《いか》にして小児に答へんや、我は之《これ》に就《つい》て彼が知るより以上を知らず。
　我は想《おも》ふ、之《こ》れ我《わ》が天性の旗号《きがう》なるべし、希望の緑《みどり》の色にしあれば。

旗号
旗じるし。

或《ある》ひは想ふ、之れ神の手巾《はんけち》なるべし、
香水滴《かうすいしたゝ》らしたる紀念品《かたみ》にして故意《わざ》と途《みち》に遺《のこ》されし者なるべし、
其隅《そのすみ》に持主《もちぬし》の名は記《しる》されて我等《われら》は其、誰《たれ》のものなる乎《か》を知るを得《う》べし。
或ひは想ふ、之れ「広き国にも狭《せま》き国にも、均《ひと》しく萌芽《ほうが》し
黒人の中にも亦《また》白人の中にも同じく発生す」てふ意味を通ずる
万国共通の象形《しやうけい》文字なるべし。
我は更《さ》らに思ふ、之れ墓場に生《は》ふる長くして美しき頭《かみ》の髪《け》なるべし。
心して我は汝《なんぢ》を手に取るべし、汝、波打《なみうち》たる頭の髪よ、
汝或ひは若き人等の胸より生へし者ならん、
我れ若《も》し彼等と識《し》りしならば、多分彼等を愛せしならん、
或ひは老ひたる人よりなる乎、或ひは母の懐《ふところ》より生《うま》れて間もなく取り去られし赤子《あかご》よりなる乎、
而《しか》して今又此所《またここ》にありて汝は母の懐たり。』

すなわち、詩人はいうのである、我は草について小児が知るより以上を知らず、あるいはこれ希望に傾《かたむ》く我が天性の旗章ならん、あるいはこれ我が恋

人なる神が我に拾わしめんとて、その情をこめたる香水《こうすい》を注ぎ、その名をしるして途上に遺《のこ》せし愛の紀念品《かたみ》ならん、あるいはその、地上いたる所に生《は》うるを見れば、これ万国共通の表号文字ならん、あるいは更《さら》に深く思えば、これ墓場に生うる頭の髪《かみ》にして、あるいは愛すべき青年男女の胸より生うるものもあらん、老いたる人より生うるもあらん、あるいは母の懐《ふところ》より生まれて間もなく取り去られし愛児の身より生うるもあらん、しかして今や草そのものが母の懐の代わりをなして愛児を墓に護《まも》りつつありと、実に深くもあり優《やさ》しくもある、草一茎《いっけい》に詩人の智識《ちしき》と信仰《しんこう》と愛と情とがこめてある。

ホイットマンが天然を歌うにあたり、彼《かれ》に何も大山に登り、大海に臨《のぞ》み、大瀑《たいばく》を聞き、大河を眺《なが》むるの必要がなかった、彼は景色を探らんために無用の旅行を企《くわだ》てなかった、この点において彼は天然教の宗祖、英のウォルヅオスと全く趣《おもむき》を異にしている、彼は撰《えら》んで湖水地方に隠退《いんたい》しなかった、フィラデルヒヤ市外、カムデンの地、デラウェヤ河の流れ広くして深く、大船巨舶《きょはく》の往来する辺に在《あ》りて彼は十分に天然と交わり得た、天然とは何も必ずしも山中の湖水ではない、巌上《がんじょう》の桜草《さくらそう》ではない、空天高く啼《な》く杜鵑《ほととぎす》ではない、夜な夜な頭上に輝《かがや》く星も天然である、路辺に生うる草も天然である、河も天然である、空気も天然である、馬も天然である、鼠《ねずみ》も天然である、しかしてホイットマンは平民詩人であったから、彼は平民の眼《め》に接する天然について歌うた、天然を愛すると称《しょう》して人を避《さ》けて山に入り、独り風月を楽しむ詩人を彼は心より賤《いや》しんだであろう。

彼かつて家に在りて過雁《かがん》一行、声を放って空天を翔《かけ》るを聞いた、

『巨雁《きょがん》一群を率いて暗夜を走る、

彼は日《い》ふ、「ヤホンク」と、而《しか》して我を招《まね》くが如《ごと》し、

浅慮《せんりょ》の人は之《これ》に意味なしと言はん、然《しか》れど我は耳を傾《かたむ》けて聞く、

而して其《その》心意と場所との冬天高く彼処《かしこ》に在るを知る。』

これ確かにウォルヅオスの杜鵑に寄する語に優《まさ》るの言葉である、飛雁《ひがん》は叫《きょう》鳴《めい》を発して詩人を上に招きつつある、しかして詩人は耳を澄《す》ましてその招待の声を聞いて、その招待の心意《こころ》と場所との

『冬天高く彼処に在るを知る』

という、家に座して雁行を聞きて天国を懐《おも》うとはこのことである。

過雁一行　空を渡《わた》る雁の一群。

彼《かれ》はまたいうた、
『余《よ》は信ず草の一葉は星の万年の工《はたらき》に劣《おと》らざることを、
蟻《あり》も完全なり、砂の一粒《ひとつぶ》、鷦鷯《みそさざい》の卵子《たまご》、皆《み》な等《ひと》しく完全なり、
蟾蜍《ひきがへる》は至上者の最上の食物なり、
地を匍《は》ふ懸鉤子《きいちご》は天の客間を飾《かざ》るに足る、
如何《いか》なる機械も我《わ》が手の一関節に及《およ》ばず、
頭《かうべ》を低《た》れて草を噛《は》む牝牛《めうし》はすべての彫刻《てうこく》物に優《ま》さる、
鼠一疋《ねずみいつぴき》は億万の無神論者を踉蹌《よろ》かすに足るの奇跡《きせき》なり。』
天然と親交を結びし者はこの詩を解するに難《かた》くない。
しかしホイットマンは鳥や獣を歌うのみにては満足しなかった、彼は大宇宙を歌わんとした、天文学を歌わんとした、地質学を歌わんとした、彼の歌は直《じか》に近世科学を襲《おそ》うた、雄大《ゆうだい》なる彼は星雲説と進化論とを詩化せんとした。
『我《わ》れ我が母より生《うま》れ来《きた》りし前に我に万代の守護ありたり、
我は胎卵《たいらん》たりし時より未《いま》だ曾《かつ》て眠らざりし、何物も我を埋没《まいぼつ》する能《あた》はざりし、

至上者　万物の創造主。

我がために星雲は軌道《きだう》を離《はな》れざりき、
時を経《へ》て地層《ちそう》は我が上に積まれたり、
広大なる植生《しよくせい》は我に滋養《じやう》を供せり、
巨大《きよだい》なる怪獣《くわいじう》は我を其《その》口に咬《くは》へて注意を以《もつ》て我を育《はぐく》めり。
すべての勢力は我を完成し、我を楽《たのし》ますために使はれたり、
而《しか》して今此所《ここ》に在《あり》て我は我が強健なる霊《れい》を以て立つなり。』

この歌の意味を知らんと欲《ほっ》せば星学と地質学とを学ばなければならない、スペンサー氏の綜合哲学《そうごうてつがく》も、ジョン　フィスク氏の宇宙哲学も詩人のこの言を敷衍《ふえん》証明せしものにすぎない、雄大と言わんか、深遠と言わんか。

彼の国家観

次は彼の国家観である、しかして彼の国家なるものは北米合衆国である、哲学者ならざる彼には彼の空想に画《か》かれたる理想の国家なるものはなかった、彼はトマス・モーアのように大洋の彼方《かなた》に理想の国家を夢想しなかった、また博士スタインのようにまず国家なる辞に定義を下してしかる後にその発達

スペンサー（一八二〇―一九〇三）イギリスの哲学者。

ジョン フィスク（一八四二―一九〇一）アメリカの哲学者。

トマス・モーア（一四七八―一五三五）イギリスの政治家・社会思想家。

スタイン（一八一五―一八九〇）ドイツの法学者・社会学者（ローレンツ・フォン・シュタイン）。

を論じなかった、直ちに天然を愛して天然を謳《うた》いしホイットマンは直ちに彼《かれ》の国を愛してその愛を歌に現した、彼にとりては理想の国家は後に在《あ》るべきものではない、今、在るものである、北米合衆国は人類六千年間の歴史を継《けい》承《しょう》して、世界の責任を担《にな》うて起《た》ったものである、彼の国なるがゆえに貴《たっと》いのではない、人類の希望を充《み》たすべき国なるがゆえに尊いのである、宇宙的なる彼は自己のために自国を愛しなかった、また国のために国を愛しなかった、世界のために、人類のために、万物発展のために、宇宙進行のために彼は彼の北米合衆国を愛した。

『青きオンタリオの岸に立ちて、
我《わ》れ過ぎにし戦争《いくさ》と復《かへ》りし平和と、復《ふた》たび帰らぬ去りにし人を懐《おも》ひし時に、
厳《いかめ》しき風貌《ふうばう》の巨大なる人影《じんえい》我前に現《あら》はれ、我を捉《と》らへて曰《いは》く
我がために亜米利加《アメリカ》の丹心《たんしん》より出《いづ》る詩を作れよ、勝利の歌を唱《うた》へよ、自由の曲を奏せよ、
然《しか》り、汝《なんぢ》、此処《ここ》を去る前に之《これ》よりも更《さ》らに力ある、民主国の産出《うみ》のくる

しみの歌を謳へよ。』

。。。。

これ彼が南北戦争終わりし後に、独りオンタリオの湖辺に立ちてアメリカの霊《れい》より聴《き》きし声である、「民主国の産出のくるしみの歌」、産出に伴《ともな》う苦痛、苦痛に伴う希望、希望の供する奨励《しょうれい》、これを歌いしものが彼の愛国歌である、彼は合衆国を帆船《はんせん》になぞらえて言うた、

『走れよ、善《よ》く走れよ、汝、民主国の船よ、
汝の積荷《つみに》は価《あたへ》貴し、現在のみならず、
過去も亦《また》載《の》せて汝の艙中《そうちゅう》に在り、
汝の運命のみにあらず、西大陸のそれに止《とど》まらず、
全世界は約《つづ》めて汝の竜骨《りゅうこつ》の上に浮《うか》ぶ、
「時」は汝に由《より》て進航す、前《さき》の国民は汝に由て浮《う》き又沈《またしづ》む。』

北米合衆国はかかる国である、全世界を約めたるもの、その粋《すい》をあつめたるもの、エジプトも、バビロニヤも、アッシリヤも、ギリシヤも、ローマも、その後に起こりたる旧世界の国々もすべて彼女に在りて浮かぶとのことである、しかして世界歴史を究《きわ》めし者は詩人のこの言の決して誇大《こだい》の言でないこ

竜骨
船底のへさきからともまで背骨のように貫《つらぬ》いている材。キール。

とを知る、北米合衆国は一時《いっとき》に、他より飛び離《はな》れて独りで起《た》った国ではない、その建設者はワシントン、フランクリン、ジェフワソンに止《とど》まらない、英国のコロムウェルもその建設に与《あずか》って力がある、仏国《ふっこく》のコリニーもその建設者の一人である、伊国《いこく》のサボナローラもその土台石の一個である、しかり、さらに歴史に遡《さかのぼ》りて稽《かんが》うればユダヤのパウロもローマのシーザーも、ギリシヤのペリクリスもみなことごとく合衆国の建設に貢献《こうけん》したる者である、ナイル、ユウフラテス両河の岸に起こりし文明が西漸《せいぜん》して太平洋岸に達せしものが北米合衆国である、西洋文明の最後の継承《けいしょう》者たるこの国はその華《はな》であり、粋《すい》であるべきである、ゆえにホイットマンは米国詩人の天職について言うた、

『亜細亜《アジア》と欧羅巴《ヨーロッパ》の不朽《ふきふ》の詩人は既《すで》に其《その》業を終へて他界に去れり、

今や一事業の尚《な》ほ存するあり、彼等《かれら》すべての上に出る事是《こ》れなり。』

これ傲慢《ごうまん》の言であるようでそうではない、弟子は常にその師に優《まさ》るべきである、詩にしてもし古人に学ぶべきものならんか、詩は詩ならざるべし、詩は希望である、預言である、先見である、回顧《かいこ》を主とする支那《シナ》人の詩が、詞《ことば》にのみ巧《たく》みにして、人を奮起《ふんき》せしむる霊能《れいのう》において欠くるあるは人の善《よ》く知る

霊能　霊的な力。

ところである、詩は善くその国を代表する、詩人を知りて能《よ》く彼を産せし国を知ることができる、文豪《ぶんごう》トローは彼ホイットマンについて言うた「彼は民主国そのものなり」と、北米合衆国を身に体せる彼は大胆《だいたん》であり、自由であり、不羈《ふき》であり、不遜《ふそん》、無礼とみなさるるほどまでに独立であった、彼が自己を世に紹介せる言に左のごときものがある、

『ワルト　ホイットマン、小宇宙なり、マンハタンの市民たり、
躁々《さうざう》しく、肉肥え、情強く、食らひ、飲み、繁殖《はんしょく》す、
感情家に非《あら》ず、人の上に立たず、又《また》人を離れて立たず、
不遜にも非ず、亦謙遜《またけんそん》にも非ず。』

まことに模範《もはん》的米国人そのままである、平等は米国の精神である、すべての人をして「人」たるまでに進歩せしむること、それが米国の天職であると。

彼の同情性

以上の叙述《じょじゅつ》によって彼がいかに情の深い人であったかがわかる、犬や猫《ねこ》や豚《ぶた》や七面鳥《しちめんちょう》に対して「同一の法則の我と彼等《ら》との間に働《はた》らくを見る」という

不羈　束縛《そくばく》されないこと。

た人は人に対して深き同情を懐《いだ》いたる者であったことはいうまでもない、実に『草の葉』の全篇《ぜんぺん》にわたりて何物に対しても彼《かれ》の同情は充《み》ち溢《あふ》れている、これが彼を第一流の詩人となしたる主なる理由である、彼に優麗《ゆうれい》の文はなかった、玄妙《げんみょう》の哲学《てつがく》はなかった、該博《がいはく》の智識《ちしき》はなかった、しかれども彼に深き同情があった、これが彼をして詩人たらしめた、実に偉大《いだい》なるは同情である、深遠なるもまた同情である、同情は人の心を開く鍵《かぎ》である、天然の秘密を探《さぐ》る光である、これありて多くの欠点を償《つぐな》うことができる、これなくして文字も智識も死物である、ワルト　ホイットマンは特に同情的詩人である、詩神の心を授かった者である。

『太陽が汝《なんぢ》を拒絶《きよぜつ》するまでは我は汝を拒絶せざるべし』

これ彼が世のすべての不倖《ふこう》者、異端《いたん》の徒、救済の希望なき者として人に棄《す》てられし者に対して発せし言である、世の失敗者に対しては彼は言うた、

『余《よ》は高調の音楽を執《とり》て来《きた》る、喇叭《らっぱ》と大鼓《たいこ》とを執て来る、余は世が戦勝者と看做《みな》す者のためにのみ曲を奏せず、余は亦《また》戦敗者のために、亦戦場に斃《たふ》れし者のために楽を奏す。

高調　気分・調子が高いさま。

汝は人の言ふを聞きし乎《か》、戦《たたかひ》に勝つ者は福《さいは》ひなりと、
余は言ふ、負ける者も亦福ひなりと、そは勝つも負けるも同じ精神に由《よ》ればなり、
余は斃れし者のために打ち又《また》鳴らす、
余は余の口を喇叭に当て、最高最荘《さいさう》の曲を彼等《かれら》のために奏す。
敗れし者万歳《ばんざい》！
海に軍艦《ぐんかん》を打沈《うちしづ》められし者万歳！
軍艦と共《とも》に海に沈みし者万歳！
戦に敗れし将軍万歳！　克服《こくふく》されし勇者万歳！
世に知られたる最大の勇者に劣《おと》らざる無数の知られざる勇者万歳！』

余輩《よはい》は近世の文学において劣敗《れっぱい》者に対するこれよりも深い同情を知らない、成功者の謳歌《おうか》を唯一《ゆいいつ》の業とする今の文学者流はこの詩人の前に立って慚死《ざんし》すべきである。

彼が老兵二人の葬儀《そうぎ》に会し、彼らを弔《とむら》う辞に左のごときものがある、時は

最荘　最も荘厳なさま。

日曜日の夕暮れ、日は西に没《ぼっ》し、月は東に昇《のぼ》る、楽隊は太鼓《たいこ》と喇叭《らっぱ》とを打ち鳴らし悲曲を奏しながら柩《ひつぎ》を送る、

『噫《ああ》、死を送る進行曲よ、汝《なんぢ》は我に楽し、

噫、銀色を以《もつ》て輝《かがや》く月よ、汝は我を慰《なぐさ》む、

噫、我が二人の兵卒よ、墓に下らんとする老兵よ、

我は汝に何を与《あた》へん乎《か》。

月は汝に光を供す、

喇叭と太鼓とは楽《がく》を供す、

而《しか》して我《わが》心は、噫、兵卒よ、老兵よ、

我心は汝に愛を供す。』

しかり、米国の南北戦争においても他の戦争においてのごとく、戦死者に音楽を供し、讃辞《さんじ》を供し、名誉《めいよ》を供する者は多かった、しかれども詩人のみ能《よ》く愛を供した、彼《かれ》は他の人の供せざるものを供した、彼は心よりする愛を供した、国に欲しき者はかかる詩人である。

ホイットマンの同情の秘訣《ひけつ》は左の言葉において現れている、

『余《よ》は傷を負へる人に彼が如何《いか》に感ずるやを問はず、余は自身傷を負へる人と成る。』

他人の苦痛を画《か》くのではない、自身痛み苦しむのである、彼の粗雑《そざつ》なる文字が強く読者の肺腑《はいふ》を突《つ》くは全くこれがためである。

彼の人生観

しかもかくも同情に富みし詩人は自身は徹頭徹尾《てっとうてつび》歓喜《かんき》の人であった、彼にもし人生観なるものがありしとすればこれを嘻々《きき》的人生観と称《しょう》するよりほかに言葉はない、余輩《よはい》が彼の詩を悦《よろこ》ぶゆえんは主としてこの奪《うば》うべからざる彼の歓喜性において存するのである。

『心に喜び意に適《かな》ひて余は生路を歩む、
余は歩行の処《ところ》を択《えら》まず、余は唯其《ただその》善なるを知るのみ、
全宇宙は其善なるを表彰《へうしやう》す、
過去と現在とは其善なるを表彰す、

嘻々（嬉々）　喜びたのしむさま。

如何《いか》に美《うる》はしく且《か》つ完全に動物はあるよ、
如何に完全に此《この》地はあるよ、其最微《そのさいび》のものに至《いた》るまで、……

善と称《よ》ばる、者は善なり、亦《また》悪と称ばる、ものも等《ひと》しく善なり。』

しからば彼《かれ》にとりては悪なるものは無かりしかというに、彼はもちろん悪の存在を認めた、しかし、善のための悪であって、悪に呑《の》まるるための善ではなかった、彼は言うた、

『余《よ》は黙想《もくそう》の中に宇宙を逍徉《せうえう》して、小なる善が徐々として不朽《ふきう》に向《むかつ》て進行《すすみゆ》くを見る、
又《また》大なる悪が自《みづ》から跡《あと》を絶ち、消え且《か》つ失せ行くを見る。』

善は小かつ弱なりといえども不朽に赴《おもむ》き、悪は大かつ強なりといえども自《じ》滅《めつ》に終わる、善は慕《した》うべきである、悪は恐るべきでない、全宇宙の赴くところは善である、悪ではない、悪の存在は嬉々《きき》的人生観の抱懐《ほうかい》を妨《さまた》げない、ゆえに詩人はまた言うた、

『地は善なり、星は善なり、彼等《かれら》の附属《ふぞく》物は皆《み》な善なり。』

ホイットマンはまたカーライルのようにすべての善《よ》き事を過去において見

逍徉　のんびりと、気ままにぶらつくさま。逍遥《しょうよう》。

抱懐　心の中に抱《いだ》くこと。

んとしなかった、彼にとりては「善き時」とはコロムウェル時代ではなかった、ワシントン時代ではなかった、黄金時代は過去において無かった。今在《あ》ると、彼は言うた、

『億々年を経《へ》て我に来《きた》りし此時《このとき》、
之《これ》に優《ま》さりて善き時はなし、而《しか》して今は其時なり。』

しかしてこの地を楽しみ現在を楽しみし彼には死の恐怖《きょうふ》は寸毫《すこし》もなかった、彼には実に死なるものはなかったのである、この地が既《すで》に生物たる以上は、死してこの地に葬《ほうむ》られるのは生に呑まれるのである、ゆえに彼は言うた、

『余は余の身を塵《ちり》に委《ゆだ》ぬ、余の愛する草となりて復《ふた》たび生《は》え出んがためなり、
若《も》し汝《なんぢ》、復たび余を見んと欲《ほっ》せば之を汝の靴《くつ》の下に探れ。』

注意して路を歩めよ、汝は余を践《ふ》まんも計られずとのことである、必ずしも天に昇《のぼ》るの要なし、この地既《すで》に神の楽園なりと、世に楽天主義ありといえどもホイットマンのそれのごとく嬉々たりまた快々たるはない。

米人の待遇《たいぐう》

米国人は彼《かれ》らの中に降り来たりしこの絶大の詩人をいかにして迎えしかというに、侮蔑《ぶべつ》、嘲笑《ちょうしょう》、誹謗《ひぼう》、罵辱《ばじょく》をもって迎えた、一八五五年、詩人が自ら植字して『草の葉』の第一版を出せし時に、売れしものわずかに十二冊、しかして進呈本《しんてい》の多数はその中に罵辱、嘲誚《ちょうしょう》の言を記入されて著者に突き戻《もど》された、いわくこれ野蛮人《やばんじん》の文字なりと、いわく泥酔者《でいすい》のたわごとなりと、普通《ふつう》の人でありしならばこの待遇に失望して永久に筆をおさめたであろうが、嬉々《きき》的人生観を懐《いだ》く吾人《ごじん》の詩人は少しもこれを意に介《かい》せず、その年の夏は暑を海浜《かいひん》に避《さ》け、宇宙の大気に接して更《さら》に大いに養うところあり、涼風《りょうふう》到《いた》りて都市に帰り来たるや、彼は記して言うた。

『余《よ》は余自身の定めし法式に由《よ》り余の詩的企業を以《もっ》て前進するに決心せり。』

詩人は元来勇者である、筆執《と》る繊弱《かよわ》き文人ではない、亜米利加《アメリカ》の丹心《まごころ》を歌わんとせし詩人ワルト　ホイットマンは米国人の冷遇《れいぐう》に辟易《へきえき》しなかった。

罵辱　ののしりはずかしめること。

嘲誚　あざけりそしること。

辟易　しりごみすること。

しかし二三の米国人は彼の天才を認めた、しかしてその一人はコンコルドの哲人《てつじん》エマソンであった、その他の一人はエマソンの友人なるトローであった、リンコルンもまた後に『草の葉』の著者に会して、

『彼はまことに人らしき人なり。』

との評を下した、偉人《いじん》は偉人を知る、しかり、偉人のみ能《よ》く偉人を知る、米国の社会も教会もこの大詩人を措《お》いて問わざりし時に、当時の米国の精華《せいか》たりしこれらの三人はこの人において天来の大預言者を見た。

預言者はその故郷その家の外において尊まれざることなしという、ホイットマンも預言者の数に漏《も》れず、彼の故国の米国において疎《うと》まれて洋の彼方《かなた》の欧州《おうしゅう》において尊まれた、英国に在《あ》りてはカーライル、ラスキン、コンウェー等の一団は彼の天才と偉大とを認めた、テニソンのごときも早く彼を迎え、終生彼の友となりて存した、テニソンが毎年、年改まるごとに大西洋の西岸にある彼の詩友に送りたる短信は左のごときものであった、

『敬愛する老いたる人よ、君よりも更に老いたる余は君に新年の慶賀《けいが》を贈《おく》る。』

テニソン（一八〇九—一八九二）イギリスのヴィクトリア朝を代表する詩人。

仏国《ふっこく》に在《あ》りてはブランク夫人、彼《かれ》を彼女《かのじょ》の国人に紹介し、独逸《ドイツ》に在りてはライグラート氏同一の任に当たり、伊国《いこく》に在りてはネンチオーネ氏、彼をダンテの国人に紹介した、しかして最後に彼に耳を傾《かたむ》けし者が彼の国人たる米人である、彼はカムデンの寓居《ぐうきょ》に在りて老いて老を養うに資なく、わずかに友人の寄贈《きぞう》によりてその寡欲《かよく》なる生活を続けた、そして一八九二年三月二十七日、彼何の悪意を挟《はさ》むことなく、一点の恐怖《きょうふ》を懐《いだ》くことなく、嬉々快々《ききかいかい》の声を遺《のこ》して、この世を去るや、彼の葬式《そうしき》を司《つかさど》りし者はキリスト教会の監督《かんとく》に非《あら》ず、またその牧師、伝道師、神学博士に非ずして、無神論者の首魁《しゅかい》と見なされしロバルト・インガーソルその人であった、彼「無神論者」のインガーソル、詩人の貧と病に苦しむを聞くや、フィラデルヒヤ府に詩人慰撫《いぶ》のための演説会を開き、八百余弗《ドル》を醵金《きょきん》してこれを彼に贈《おく》った、その演説の一節にいわく、

『ワルト　ホイットマンは大なる理想を夢みたり、大なる真理を語りたり、荘厳《そうごん》なる思想を言い表せり、諸君が『草の葉』と題する書を読まるる時に諸君は太古時代の自由を感ぜらるべし、太初の声を聞くなるべし、

ロバルト・インガーソル（一八三三―九九）アメリカの法律家。

元始《はじめ》の大詩人の声を聞くなるべし、大濤《おおなみ》と大風の声のごとき元始的の声を聞くなるべし。』

しかしてこの荘大《そうだい》の言を発して後二年、詩人の終《つい》に世を去るや、同一の「無神論者」は同一の雄弁をふるい、この大詩人を頌揚《しょうよう》した、その終結《おわり》の一言はこれである、すなわち、

『偉人《いじん》は死せり、偉大なる米国人は死せり、この共和国の最上の市民は今や死して吾人《ごじん》の前に在り。』

しかして「無神論者」によりて葬《ほうむ》られし詩人ホイットマンは無神論者でなかったことは前に述べたとおりである、彼は今の米国人に解せらるるには余りに偉大であった、彼と彼の国人との間に天壌《てんじょう》もただならざる差があった、彼は絶対的自由を慕《した》うに彼らは名義のみの自由を愛する、米国の少女は欧《おう》州《しゅう》の貴族に嫁《か》して爵位《しゃくい》をもって己《おのれ》の名を粧《よそ》わんとする、米国の宗教家は己の信仰《しんこう》を他人の上に強《し》いて伝道の成功を誇《ほこ》らんとする、米国民全体は階級制度を廃《はい》せしと称《しょう》して、今や人類が未《いま》だ曾《かつ》て見しことなきほどの貧富の階級を自己らの中に作り出した、かかる民にとりてはホイットマンは確かに「野蛮人《やばんじん》」

である、「泥酔《でいすい》せる狂人《きょうじん》」である、余輩《よはい》は米人がこの詩人を斥《しりぞ》けたことを怪《あやし》まない、斥けられし詩人の名誉《めいよ》である、斥けし米人の大恥辱《ちじょく》である。しかしホイットマンは毫《ごう》も彼《か》の国人を恨《うら》まなかった、彼《かれ》は世に解せられざるを詩人当然の運命と信じた、国と詩人との関係について彼は左のごとくに言うた、

『国に詩人現はるれば国は終《つひ》に進んで彼を接《うく》るに至るべし、此事《このこと》に関し憂《いう》慮《りよ》を懐《いだ》くの要なし、

詩人が詩人たるの証明は彼が彼の国を消化せし如《ごと》く彼の国が彼を消化するまで厳格《げんかく》に延期せらるべし。』

しかり、米国人も終《つい》にこの詩人を解するまでに進歩するであろう、しかし詩人は国民の理想まで下るべきではない、国民は詩人の理想まで上《のぼ》るべきである、米国人がその詩人ワルト ホイットマンの理想に達する時に彼らの中に軍艦《ぐんかん》増設の声は上らざるべし、異人種排斥《はいせき》の説は立たざるべし、しかしてミシシピは静かに海に向かって流れ、金に代わりて真《まこと》の神は拝せられ、平和と恩寵《おんちょう》とは両洋の間に溢《あふ》れて、全世界は米国人によりて理想の楽土と成るで

あろう。

失望と希望

（日本国の先途）

私どもにとりましては愛すべき名とては天上天下ただ二つあるのみでありま す、その一つはイエスでありまして、その他のものは日本であります、これを英語でもうしますればその第一は Jesus でありまして、その第二は Japan であります、二つともＪの字をもって始まっておりますから私はこれを称《しょう》して Two J's すなわち二つのジェーの字と申します、イエスキリストのためであります、日本国のためであります、私どもはこの二つの愛すべき名のために私どもの生命を献《ささ》げようとおもう者であります。

イエスは私どもの未来の生命の在《あ》るところでありまして、日本国は私どもの現在の生命の在るところであります、そうして神を信ずる者にとっては未来も現在も同一でありまするゆえに私どもにとってはイエスと日本国とは同一のものであります、すなわち私どもの信仰《しんこう》は国のためでありまして、私どもの愛国心はキリストのためであります、私どもはキリストを離《はな》れて真心《まごころ》をもって国を愛することができないように、また国を離れて熱心にキリストを愛することはできません、私どもがキリスト教を信じた第一の理由はそれが私どもの愛するこの日本国を救うの唯一《ゆいいつ》の能力《ちから》であると信じたからであります、私どもと日本国との関係は父子の関係、夫婦の関係、君臣の関係よりも更《さら》に数層倍深い、堅《かた》い、篤《あつ》い関係でありまするから、私どもは私どもの国を離れて独り自《みずか》ら救われんとて、キリスト教を信じません、私どもはもし詛《のろ》わるるならば私どもの国とともに詛われんと欲《ほっ》する者であります、もし救わるるならば私どもの国とともに救われんと欲する者であります、私どもは日本国とともに私どもの霊魂《れいこん》を救われんためにキリストに往《ゆ》いたのであります、独り救われんとて彼《かれ》を求めたのではありません。

　事情かくのごとくでありますから日本国の運命は私どもの最も心配するところのものであります、日本国はどうなりましょうか、この愛する父祖の国は終《つい》に滅《ほろ》びましょうか、あるいはこれに救済の希望がありましょうか、もしありとすればどうしたらば救われましょうか、このことは私どもの脳裡《のうり》を占《せん》領《りょう》する最大問題であります、夜となく昼となく私どもを駆《か》りたて寸時も私どもの心を離れない問題は実にこの国家救済問題であります、『ああわが神よ、願わくはこの憐《あわ》れなるわが国を救いたまえ。』とは英国の愛国者ハムプデンの臨終の時の祈禱《きとう》でありました、『もしわが兄弟わが骨肉（彼の国人を指してい

ハムプデン（一五九四―一六四三）イギリスの政治家。

う）のためにならんにはあるいはキリストより絶《はな》れ沈淪《ほろび》に至るもまたわが願いなり。』とは使徒パウロの熱誠なる表白でありました、（ロマ書九章三節）、もしわが国にして救われざらんにはわが救済何にかあらんであります、私は独り天国へ往《ゆ》くことを望む者ではありません、私は私の生命よりも私が愛するこの日本国の救われんことを望む者であります、『ああわが神よ願わくはこの憐《あわ》れなるわが国を救いたまえ。』とはハムプデンのみならで、いずれの国人でもすべてキリストを信ずる者の絶叫《ぜっきょう》の声であります、キリスト信者には愛国心なしという人がありまするが、彼《かれ》らは未《いま》だ父なる神を識《し》らず、ゆえに私どもの心を識らない人たちであります。

　ああ日本国よ、もし我汝《われなんじ》を忘れなばわが右の手にその巧《たくみ》を忘れしめよ、もし我汝を思い出《い》でず、もし我日本国をわがすべての歓喜《よろこび》の極《きわめ》となさずばわが舌を腭《あぎ》に附着《つか》しめよ（詩篇《しへん》第百三十七篇）

　愛国心は世のいわゆる『愛国者』の専有物ではなくして私どもキリストを信ずる者の専有物であります。世にキリスト信者の愛国心に優《まさ》る潔《いさぎよ》い、熱い、高い、深い愛心はありません、コロムウェルが英国を愛せし愛国心、ガステ

ガステバスアドルフハス（一五九四—一六三二）ルター派のスウェーデン国王グスタフ・アドルフ。

サボナローラ（一四五二—一四九八）イタリアの教会改革者。

クルーゲル（一八二五—一九〇四）南アフリカの政治家。

ジューベルト（一八三四—一九〇〇）南アフリカの政治家（ジューベール）。

トランスヴァール

バスアドルフハスがスウェーデン国を愛せし愛国心、サボナローラがイタリアを愛せし愛国心、また近時に至りてはクルーゲルやジューベルトなどが彼らのトランスヴァールを愛せし愛国心は実に彼らがキリストに在《あ》りて懐《なつ》かしき愛国心でありまして、かかる聖《きよ》き深き愛心はキリストを信ずる者にあらざれば到底《とうてい》もつことのできない愛心であります。

　この我らの日本国はどうなりましょうか。この切要なる問題に対してこの国において発行されるところの新聞紙の記事が与《あた》うるところの答えは唯《ただ》一つであります、すなわち滅亡《めつぼう》であります、為政《いせい》家の堕落《だらく》、教育家の堕落、僧侶《そうりょ》神官牧師の堕落、詐欺《さぎ》、収賄《しゅうわい》、姦淫《かんいん》、窃盗《せっとう》、強盗《ごうとう》、殺人、黴毒《ばいどく》、離間《りかん》、陥擠《かんせい》、裏切《うらぎ》り、……これが我らが日々の新聞紙によって読み聞かせられるところの事柄《ことがら》でありまして、これらの事柄を除いて別に新聞という新聞はないように見えます、聖書に記《しる》されたる罪悪の目録の中で今の日本人によって犯《おか》されない罪は一つもないように見えます、苟合《こうごう》、汚穢《おわい》、好色《こうしょく》、偶像《ぐうぞう》に事《つか》うること、巫術《ふじゅつ》、仇恨《きゅうこん》、妬忌《とき》、忿怒《ふんど》、分争、結党《けっとう》、異端《いたん》、媢嫉《ぼうしつ》、兇殺《きょうさつ》、酔酒《すいしゅ》、放蕩《ほうとう》（ガラテヤ書五章十九、二十節）、このうちどれが今の日本人の中に欠けてお

当時、南アフリカにあったトランスヴァール共和国。

黴毒　悪性の性病。

離間　仲たがいさせること。

陥擠　人を罪におとしいれること。

苟合　いいかげんに調子を合わせること。

巫術　霊《れい》的な存在と交渉《しょう》する呪術《じゅじゅつ》。

仇恨　うらみ。

りますか、政治家は節操《せっそう》を売ることをなんとも思わず、彼《かれ》らは相互《そうご》に汚濁《おだく》を語って少しも恥《はじ》といたしません、忠君愛国を教うる教育家が収賄《しゅうわい》の嫌疑《けんぎ》をもってぞくぞくと獄舎《ごくしゃ》に投ぜられます、数万の民が饑餓《きが》に泣いておりますれば、彼らを饑餓に迫《せま》らしめたる人は朝廷《ちょうてい》の恩恵《おんけい》を身に浴びて奢侈淫逸《しゃしいんいつ》に日を送っております、たまたま正義公平を絶叫《ぜっきょう》する者があると思えば、これは不平の声であって義を愛するの声ではありません、同胞《どうほう》は相互《あいたが》いの悪事を聞くをもって何よりの楽しみとしております、妬忌《とき》は父子の間にも兄弟の間にも、師弟の間にも行われ、今日の師弟は明日の讐敵《しゅうてき》となり、骨肉の兄弟さえ互いに相困《くるし》めることをもって正義国家のためであると思っています、政府はその各部において腐敗《ふはい》を極《きわ》め、内閣腐《くさ》り、陸軍腐り、海軍腐り、内務腐り、外務腐り、文部までが腐敗の気に襲《おそ》われて、今は小学教師までが賄賂《わいろ》を取るのをもって当然のことであるように思うに至りました、もしこれが亡国の徴《きざし》でないならば何が亡国の徴でありますか、もし罪悪のほか何の報ずるところのない国が千代《ちよ》に八千代《やちよ》に昌《さか》えゆくべきものでありますするならば正義とはなんと価値のないものではありませんか、もし暗黒の社会がありとすればこれは日

妬忌
ねたみ、にくむこと。

忿怒
腹を立てること。

娼嫉
そねみ、にくむこと。

兇殺
むごいしかたで殺すこと。

奢侈淫逸
ぜいたくで欲望にふけること。

千代に八千代に
未来永遠にわたって。

本国今日の社会ではありませんか、不安心極まる社会、少しの信用をもおけない社会、儀式一片《ぎしきいっぺん》、全然虚偽《きょぎ》の社会とは実にわが国今日の社会ではありませんか、罪悪は日本のみに限らない、西洋各国にもあるといいて自《みずか》ら慰《なぐさ》めている人もありまするが、しかし罪悪にも度合いがあります、日本今日の社会は善事のいたって少ない、ほとんど罪悪のみの社会であります、すなわち悪人が横行跋扈《ばっこ》することのできる社会であります、その貴族たる者がいたるところに幾多《いくた》の少女を汚《けが》すことあるも誰《だれ》も怪《あや》しまない社会であります、その学者たる者がとんでもない不道理を唱えましてもかえって国民多数の賞讃《しょうさん》を博する社会であります、すなわち真実とか無私とかいうことはただ口に唱えられるばかりでありまして、これをまじめに信ずる者のほとんど一人もないというてもよい社会であります、希望とか歓喜とか称《しょう》すべきものは地を払《はら》って無く、ただ有《あ》るものは失望と悲憤慷慨《ひふんこうがい》とのみであります。この君子国と称《とな》えられし国の民にして、少しく世の中の経験をもった者で、悲惨《ひさん》の歴史か堕落《だらく》の経歴をもたない者とてはほとんどありません、純正なる淑女《しゅくじょ》はありません、純潔なる紳士《しんし》はありません、日本人はみな傷物《きずもの》であります、その花のごとき

横行跋扈　勝手きままにふるまい、のさばりはびこること。

君子国　礼儀《れいぎ》正しい国。日本の別名。

顔《かんばせ》の裏面《うしろ》には熱き涙《なみだ》の経験を匿《かく》しています、その柔和《にゅうわ》のごとくに見ゆる態度の下には言いつくされぬほどの仇恨《うらみ》の刃《やいば》を蔵《かく》しております、芙蓉《ふよう》の峰《みね》は何時《いつ》も美《うる》わしくありまするが、これを仰《あお》ぎみる民の心は常暗《とこやみ》の暗をもって包まれております、その名こそ桜花《おうか》国でありまするがその実は悲憤《ひふん》国であります、絶望国であります、人々憂愁《ゆうしゅう》と怨恨《えんこん》とを懐《いだ》いてイヤイヤながらに世渡《よわた》りをなしている国であります。

今少しく日本国今日の状態を聖書の言に照らして見まするならば実に寒心すべきものが多くあります、ああ罪を犯《おか》せる国民《くにびと》、不義をもって充《み》たされたる民、悪を行う者の裔《すえ》、道を乱す種族《やから》……全脳《ぜんのう》は病み、全心は困憊《つか》る、足のうらより首の頂に至るまで健全なるところなく、ただ創痍《そうい》と打傷と腫物《はれもの》とのみ、しかして之《これ》を合わす者なく包む者なく、また膏《あぶら》にて軟《やわ》らぐる者なし（イザヤ書一章四節、六節）、汝《なんじ》らの長輩《おさたち》（政治家、教育家の類を指していう）は反《そむ》きて盗人《ぬすびと》の伴侶《かたうど》となり、人各々《おのおの》賄賂《わいろ》を喜び、贓《おくりもの》財を追い求む（同二三節）、これは実に日本国今日の状態ありのままを画《えが》いたものではありませんか、また預言者のエレミヤは亡国《ぼうこく》の前徴《ぜんちょう》として社会の状態を述べて申しま

芙蓉の峰　富士《ふじ》山の別名。

桜花国　桜の花の咲きにおう国。日本の別名。

寒心　ぞっとすること。

困憊る　疲《つか》れ果てること。

創痍　きりきず。

した
彼《かれ》らはみな姦淫《かんいん》する者なり、彼らは此地《このち》において真実《まこと》のために強からず、悪より悪に進むなり、……汝ら各自《おのおの》その隣人《りんじん》に心せよ、何《いず》れの兄弟をも信ずる勿《なか》れ、兄弟はみな欺《あざむ》きをなし、隣人はみな讒《そし》り廻《まわ》ればなり、汝らは各自その隣人を欺き、かつ真実を言わず、その舌にいつわりを語ることを教え悪を為《な》すに労《つか》る、汝らの住居《すまい》はいつわりの中にあり、

なんと活画的の記事ではありませんか、火を見ては火事を思え、人を見ては泥棒《どろぼう》と思えと唱うるわが国今日の社会の丸写しではありませんか。もしまた貴族と金持ちとの奢侈《しゃし》と無情とについては預言者アモスの言は非常に適切であります、

汝らは災禍《わざわい》の日をもてなお遠しと為し、強暴の座を近づけ、自ら象牙《ぞうげ》の牀《とこ》に臥《ふ》し、寝台の上に身を伸ばし群《む》れの中より羔羊《こひつじ》を取り、圏《おり》の中より犢牛《こうし》を取りて食らい、琴《こと》の音に合わせて歌いさわぎ、大杯《おおさかずき》をもて酒を飲み、最も貴《たっと》き香油《こうゆ》を身にぬり、ヨセフ（国民）の艱難《かんなん》を憂《うれ》いざるなり（アモス書六章三―六節）。

姦淫　不倫《ふりん》な関係をもつこと。

活画　生き生きと描かれている絵。

もし滅亡《めつぼう》前のイスラエル国と日本の今日とを比べてみんと欲《ほっ》するならばここに最も適切なる対句があります。

サマリヤの山（都城の在《あ》りし処《ところ》）におり弱者を虐《しいた》げ貧者を圧し………汝《なんじ》らは義《ただ》しき者を虐げ賄賂《わいろ》を取り、門（裁判所）において貧しき者を推し枉《ま》げ、………彼《かれ》らは義者を金のために売り、貧者を鞋《くつ》一足のために売る、彼らは弱者の頭に地の塵《ちり》のあらんにはこれをさえも喘《あえ》ぎ求め（すなわち毫末《ごうまつ》までも取らずばやまずとの意なり）（以上諸節アモス書に散見す）。

これは今より二千六百年前イスラエル王国滅亡前の実況《じっきょう》でありましたが、今明治の三十六年私どもの目前に預言者の言葉そのままが事実となって現れるのを見ます、耳を開いてよくお聞きなさい、これは明治三十五年日本の帝《てい》都《と》を距《へだた》る遠からぬ所であったことであります。

去月（十二月）二十九日栃木《とちぎ》県佐野《さの》税務署が安蘇《あそ》郡植野《うえの》村大字舟津《おおあざふなつ》川栗《くり》原長蔵《はらちょうぞう》の明治三十五年度地租《ちそ》三十七銭二厘滞納《りんたいのう》に対して執行《しっこう》したる財産差押《さしおさえ》の結果を聞くに、差押金品は茶縞《ちゃじま》小児物綿入《わたいれ》一枚、双子縞《ふたごじま》男羽織《はおり》一枚、無地紺縞《こんじま》一反、通貨金十八銭なるが、其《その》衣類は鉱毒救済婦人会よ

地租　土地に課する税金。

り恵《めぐ》まれたるもの、又《また》其通貨は過般風水害の節天皇陛下より御下賜《ごかし》ありたる御《ご》救《きゅう》恤《じゅつ》金を神棚《かみだな》に上げて日頃《ごろ》拝み居《お》りしものなりと（万朝報所《よろずちょうほうしょ》載《さい》）。

イスラエル国もユダ国もその公吏《こうり》の暴虐《ぼうぎゃく》がその一つの原因となりて立派に滅《ほろ》びました、日本国も同じ罪悪を犯《おか》して亡《ほろ》びない理由はどこにありますか、足尾銅山《あしおどうざん》鉱毒事件などといえば今ではわが国のキリスト教の教師までが一笑に付してしまいますが、しかしこの事件はこれ日本国全体の疾病《しっぺい》がここに悪い腫物《はれもの》のようなものになって発したものでありまして、日本国がいかに危険の地位にあるかは鉱毒事件を見て最もよく察することができるのであります。滅亡です、滅亡です、日本国の滅亡は決して空想ではありません、大隈伯《おおくまはく》のような虚言吐《うそつき》が大政党の首領であり、その下には奸物《かんぶつ》が群れをなして国政を弄《もてあそ》んでいるのであります、政治的の日本に一縷《いちる》の希望のないのは決して怪《あや》しむに足りません、ゆえに真正の憂国《ゆうこく》者は預言者エレミヤの言を藉《か》りて泣くのであります。

あゝ我《われ》わが首《こうべ》を水となし、わが目を涙《なみだ》の泉となすことを得んものを、

鉱毒救済婦人会　日本基督《キリスト》教婦人矯風《きょうふう》会が組織した足尾銅山《あしおどうざん》の鉱毒被害地救済婦人会。

下賜　「下し与《あた》える」の敬語表現。

救恤金　救い助けるためのお金。

大隈伯　大隈重信《しげのぶ》（一八三八—一九二二）。政治家。伯爵《はくしゃく》。

奸物　悪知恵《ぢえ》がはたらく者。

一縷の　ほんのわずかな。

わが国民の燼滅《じんめつ》を思うて我《われ》は昼夜哭《な》かんものを（エレミヤ記九章一節）

あとはただ一撃《いちげき》であります、この海軍が無くなれば日本国は無くなるのでありますこの陸軍が無くなればあとには国家らしき国家はないのでありま す、国民的理想のあるのではなく、深い高い聖《きよ》い希望と歓喜《かんき》と生命とのあるのではありません、実に心細いきわみではありませんか。

かく観じ来たりますれば私どもははや既《すで》に亡国《ぼうこく》の民であるように思われます、私どもはただわずかに私どもの霊魂《れいこん》だけを救《すく》い、この扶桑《ふそう》の国はこれをその運命の成り行きに任し、その滅亡《めつぼう》を傍観《ぼうかん》しなければならないように思われます。

しかしながらかくも真《ま》っ暗《くら》の中にまた大なる希望があります、我らはこの暗黒の中に在《あ》りて預言者イザヤの言を藉《か》りて叫《さけ》びて言います、今は困苦《くるしみ》を受くれども後には闇《やみ》なかるべしと（イザヤ書九章一節）、なるほど暗黒は暗黒であります、しかしその暗黒は外面の暗黒であって、中心の暗黒ではありません、社会の暗黒、政治の暗黒、教育の暗黒、文壇《ぶんだん》の暗黒、官吏《かんり》の暗黒、僧侶《そうりょ》の暗黒、富者の暗黒でありまして神と国土と平民との暗黒ではありません、

燼滅　あとかたもなく滅《ほろ》びること。

扶桑の国　日本の別名。

腐蝕《ふしょく》は常に復活を意味するのでありまして、日本国現時の腐敗はその復活の兆候《ちょうこう》であります、今はその死すべきものが死しつつあるのであります、その支那《シナ》人より学び来たりし忠孝道徳、その上に建設されし制度、文物、教育、……これらが今崩《くず》れつつあるのであります、すなわち東洋的の日本の秋が来たのでありまして、その葉と枝とが枯《か》れつつあるのであります、しかしその落ちたる葉の跡《あと》には既《すで》に春の新芽《しんめ》ができております、我らは決して失望してはなりません。

我らの愛するこの日本国に関する我らの希望は第一に神の本性に因《よ》ります、神は正義の神、仁愛の神でありますからその神の造られたこの日本国はいつまでも不義の器《うつわ》となりて存《のこ》るべきはずのものではありません、日本国が藩閥《はんばつ》政府の日本国、進歩党政友会の日本国であると思えばこそ失望するのであります、しかしながら富士山は決して大隈伯《おおくまはく》の築き立てたるものではなく、琵《び》琶湖《わこ》は伊藤侯《いとうこう》の鑿《うが》ったものではありません、この日本国は正義の神が正義を行うために造られたものでありますから、この国においても正義は必ず行わるるに至ります、汝《なんじ》ら鼻より気息の出入りする人に倚《よ》ることを止《や》めよ、かか

伊藤侯
伊藤博文《ひろぶみ》。侯爵《こうしゃく》。

しかし彼《かれ》らはとうていこれを抑《おさ》えきれませんでした、自由と進歩とは日本人の特性であります、彼らは時には欺《あざむ》かれて圧制《あっせい》に甘《あま》んじますけれども、しかしこれは決して長いことではありません。

聖徳太子《しょうとくたいし》を出し、空海上人《くうかいしょうにん》を出し、日蓮《にちれん》上人を出し、北条泰時《ほうじょうやすとき》を出し、蓮如《れんにょ》上人を出し、豊臣秀吉《とよとみひでよし》を出し、銭屋五兵衛《ぜにやごへえ》を出し、渡辺崋山《わたなべかざん》を出した日本人は実にエライ人種であります、この人種は世界に大事業を為《な》すの資格を備えた人種であります、この人種が何時《いつ》までも今日のような圧抑《あつよく》に沈《しず》んでいようとはどうしても思われません、彼らは遠からずして圧制の縄《なわ》を断ちます、彼らは終《つい》には世界の最善最美のものを我が有となさずには止《や》みません。

日本国に関する私どもの希望は第三にその国土に因《よ》ります、その地位はその人種とともにその天職を示します、日本国は世界の一半を他の一半と結び付けるための偉大《いだい》なる天職をおびています、日本国はアジアの門であります、日本国によらずしては支那《シナ》も朝鮮《ちょうせん》も印度《インド》もペルシャもトルコも救われません、人類の半数以上の運命は日本国の肩に懸《かか》っています、この国はこれ少数の惰《だ》弱《じゃく》貴族や慾強《よくごう》商人の貪慾《どんよく》を充《み》たすために造られたものではありません、日

聖徳太子（五七四―六二二）用明天皇の第二皇子。仏教の興隆《こうりゅう》につくした。

空海上人（七七四―八三五）平安時代初期の僧《そう》。真言《しんごん》宗の開祖。

日蓮上人（一二二二―八二）鎌倉《かまくら》時代の僧。日蓮宗の開祖。

北条泰時（一一八三―一二四二）鎌倉幕府の第三代執権《しっけん》。

蓮如上人（一四一五―九九）室町《むろまち》時代の浄土真宗《じょうどしんしゅう》の僧。

本国は支那の四億余万と印度の二億五千余万とその他大陸の億兆《おくちょう》を救うためにに造られたものであります、かかる重大なる天職をおびた国が今日のように実に醜猥《しゅうわい》きわまる状態に何時《いつ》までもあろうとはどうしても思われません、日本国の希望はその天職に付着しております、富士《ふじ》や鳥海《ちょうかい》や浅間《あさま》が空天に向かって聳《そび》ゆる間は日本国の希望は確かであります、利根《とね》や千曲《ちくま》に水の流れる間は日本国の希望は溢《あふ》れて尽《つ》きません、世界は日本国に向かって革命を要求しています、そうして藩閥《はんばつ》の政治家や偽善華族《ぎぜんかぞく》はいかに有力なるもこの要求を拒《こば》むことはできません、日本国は遠からずして世界の大光を迎えます、日本国も久しからずしてハンガリーと同じく黄色人種のキリスト教国となります。

しこうして今やこの希望は充たされつつあります、外部の圧制の甚《はなは》だ強きにもかかわらず、大光はこの国土に臨《のぞ》みつつあります、政府の人の見ざる所において、貴族輩《はい》の夢にも見ざる境遇《きょうぐう》の中に、その偽善的社会には嘲《あざ》けられながらも、純潔《じゅんけつ》の日本人は徐々《じょじょ》として大光を迎えつつあります、日本人は支那人とは違《ちが》います、日本人は政府の勧誘《かんゆう》に従《したが》って宗教を信じません、また外

豊臣秀吉　（一五三六―九八）安土《あづち》桃山《ももやま》時代の武将。

銭屋五兵衛　（一七七三―一八五二）江戸《えど》末期の豪商《ごうしょう》・海運業者。

渡辺崋山　（一七九三―一八四一）江戸末期の洋学者。

惰弱　いくじのないこと。

醜猥　みにくく、けがらわしいこと。

鳥海　鳥海山。山形県北端《たん》にある。

浅間　浅間山。長野・

国宣教師に尾従《びじゅう》してその安心の基礎《きそ》を定めません、日本人は自由に自由宗教を信じます、政府にもよらず、外国宣教師にも頼《たよ》らず、日本人は自身勝手にナザレのイエスを主として仰《あお》ぎつつあります、北は宗谷《そうや》の海に氷塊《ひょうかい》が群れをなして寄せ来る辺りより、南は安平《アンピン》恒春《こうしゅん》の郊《こう》に熱帯植物の繁茂《はんも》する所に至るまで、ここの海辺、かしこの山里に正直にして国を愛する日本国の平民が自由の主なるイエスキリストの名をよびつつあります、政府でいくら法令を出してもこの教化を妨《さまた》ぐることはできません、今や忠君愛国を唱えし教育家が数珠繋《じゅずつな》ぎとなりて獄舎《ごくしゃ》に投ぜられつつある間に純潔《じゅんけつ》無垢《むく》の日本平民は聖潔《きよめ》の主を求めつつあります。

　今は微々《びび》たる少数であります、しかしながらこの少数の中に日本国の希望は存しております、すでに彼《かれ》らは日本国の精神となりつつあります、その国民歌はまさに彼らによって歌われんとしつつあります、その政治さえも彼らによってのみ多少の清潔を維持《いじ》されつつあります、その慈善《じぜん》はほとんどすべてが彼らに倣《なら》いつつあります、しかしながら未来の彼らの勢力たるや決して今日ごときものではありません、この社会制度が腐《くさ》れ尽《つ》きて後に、あるいは

群馬両県にまたがる。

利根　利根川。関東平野を貫流《かんりゅう》する。

千曲　千曲川。長野県北部を流れる。

宗谷の海　北海道本島と樺《から》太《ふと》の間の宗谷海《かい》峡《きょう》。

安平　日清戦争後日本領となった台湾《たいわん》の南部にある町。

その外形的国家が一時その存在を失って後に、雲となって起こり、竜《りゅう》となって立ち、終《つい》にこの国を永久の基礎《きそ》の上に据《す》え、日本国をして、西洋と東洋とを繋ぐに至らしむる者は実に彼らであります。

しかしたぶん私は私の肉眼もてこの喜ばしき時を観《み》ることはできますまいと思います、私はやはり嘲笑《ちょうしょう》罵詈《ばり》のうちに私の一生を終わるのでありましょう、しかしながら私はこの短き私の生涯《しょうがい》をこの日本国を永久に救うその準備のために費《つい》やすことのできたのを非常にありがたく感じます、私は実に世の人が想《おも》うように絶望の人ではありません、私は希望をもって種を蒔《ま》いている者であります、私は実に私の愛するこの日本国とともに救われつつある者であります、キリストのため、国のため、私にもし千たびの生涯が与《あた》えられますならば、私はすべてこれをこの二つの愛すべき名、すなわちイエスキリストと日本とのために費やそうとおもいます。

嘲笑罵詈　ののしり笑い、悪口をあびせること。

戦争廃止《はいし》論

余《よ》は日露《にちろ》非開戦論者であるばかりでない、戦争絶対的廃止《はいし》論者である、戦争は人を殺すことである、そうして人を殺すことは大罪悪である、そうして大罪悪を犯《おか》して個人も国家も永久に利益を収め得ようはずはない。

＊　＊　＊　＊

世には戦争の利益を説く者がある、しかり、余も一時はかかる愚《ぐ》を唱えた者である、しかしながら今に至ってその愚の極《きょく》なりしを表白する、戦争の利益はその害毒を贖《あがな》うに足りない、戦争の利益は強盗《ごうとう》の利益である、これは盗《ぬす》み し者の一時の利益であって、（もしこれをしも利益と称《しょう》するを得ば）、彼《かれ》と盗まれし者との永久の不利益である、盗みし者の道徳はこれがために堕落《だらく》し、その結果として彼は終《つい》に彼が剣《けん》を抜《ぬ》いて盗み得しものよりも数層倍《すそうばい》のものをもって彼の罪悪を償《つぐな》わざるを得ざるに至る、もし世に大愚《たいぐ》の極と称すべきものがあれば、それは剣をもって国運の進歩を計らんとすることである。

＊　＊　＊　＊

近くはその実例を二十七、八年の日清《にっしん》戦争において見ることができる、二億の富と一万の生命を消費して日本国がこの戦争より得しものはなんである

日清戦争　一八九四―一八九五年、日本と清国《しんこく》との間に行われた戦争。

か、僅少《きんしょう》の名誉《めいよ》と伊藤博文伯《いとうはくぶんはく》が侯《こう》となりて彼の妻妾《さいしょう》の数《すう》を増したることのほかに日本国はこの戦争より何の利益を得たか、その目的たりし朝鮮《ちょうせん》の独立はこれがために強められずしてかえって弱められ、支那《シナ》分割《ぶんかつ》の端緒《たんしょ》は開かれ、日本国民の分担《ぶんたん》は非常に増加され、その道徳は非常に堕落し、東洋全体を危《き》殆《たい》の地位にまで持ちきたったではないか、この大害毒大損耗《だいそんこう》を目前に視《み》ながらなおも開戦論を主張するがごときは正気の沙汰《さた》とはとても思われない。

＊　＊　＊　＊

もちろんサーベルが政権を握《にぎ》る今日の日本において余の戦争廃止論が直ちに行われようとは余といえども望まない、しかしながら戦争廃止論は今や文明国の識者の輿論《よろん》となりつつある、そうして戦争廃止論の声の揚がらない国は未開国である、しかり、野蛮国《やばんこく》である、余は不肖《ふしょう》なりといえども今の時にあたってこの声を揚げて一人なりとも多くの賛成者《さんせいしゃ》をこの大慈《だいじ》善《ぜん》主義のために得たくおもう、世の正義と人道と国家とを愛する者よ、来たって大胆《だいたん》にこの主義に賛成せよ。

伯が侯となりて　伯爵が侯爵になって。侯爵の方が位が一つ上。
分担　負担《ふたん》。
危殆　きわめてあやういこと。
サーベル　軍人が腰《こし》に下げる刀剣《とうけん》。軍の指導部をさす。
輿論　世間一般の人が唱える論。世論。
不肖　おろかでとるにたらないこと。自分のことをへりくだっていう。

平和の福音《ふくいん》

（絶対的非戦主義）

平和を求むる者は福《さいわい》なり、その人は神の子と称《とな》えらるべければなり（マタイ伝五章九節）。
イエス彼《かれ》に曰《い》いけるは爾《なんじ》の剣《つるぎ》を故処《もと》に収めよ、凡《すべ》て剣を取る者は剣にて亡《ほろ》ぶべし（同二十六章五十二節）。

今や戦雲、東亜《とうあ》の空を蔽《おお》うにあたりまして、ここに刻下の最大問題に対して私どもキリストを信ずる者の態度を明らかにしておくの必要があると思います、かかる時にこそ私どもは世の変現極《へんげんきわま》りなき所説に耳を傾《かたむ》くることなく、ひとえに毀《こぼ》つべからざる聖書の確言《かくげん》に頼《たよ》りまして私どもの進退を定むべきであると思います。

そうして問題はいかに混雑しておりまして、またその間にいかなる情実が纏綿《てんめん》しておりましても、聖書の、ことに新約聖書の、このことに関して私どもに命ずるところはただ一つであります、すなわち絶対的の平和であります、いかなる場合においても剣をもって争わないことであります、万止《ばんや》むを得ずんば敵に譲《ゆず》り、あとは神の怒《いか》りを待つことであります、この態度をとるの難易は私どもの問うべきところではありません、絶対の平和は聖書の明白なる

戦雲　戦争が始まる気配。
東亜　東アジア。
刻下　今、現在。
纏綿　満ち満ちている。

訓誡《いましめ》でありまして、私ども、もし神と良心とに対して忠実ならんと欲《ほっ》すれば この態度をとるより他《ほか》に途《みち》はありません。

なし得《う》べきところは力をつくして人々と睦《むつ》み親しむべし、わが愛する者よ、その仇《あだ》を報《むくゆ》るなかれ、退きて主の怒りを待て、そは録《しる》して主の曰《いい》たまいけるは仇を復《かえ》すは我に在《あ》り、我必ず之《これ》を報いんとあればなり、これゆえに爾の敵もし飢《う》えなばこれに食らわせ、もし渇《かわ》かばこれに飲ませよ、爾、かくするは熱炭《あつきひ》を彼の首《こうべ》に積むなり、爾、悪に勝たるるなかれ、善をもて悪に勝つべし（ロマ書十二章十八—二十一節）。

これはなにも個人と個人との間に関してばかりの教訓《おしえ》ではありません、人と人との間の関係はすべてかくあるべきはずのものでありまして、人の集合体なる国民と国民との間に関しても適用すべき神の教訓であります、キリストが世に顕《あらわ》れたまいしより千九百年後の今日、戦争なる野蛮人《やばんじん》の遺風はモハヤ世に存在の理由を有《も》たないものであります、戦争は人を殺すことでありまして、「人を殺す者は窮《かぎり》なき生命《いのち》その衷《うち》に存《あ》ることなし」との使徒ヨハネの言は火を睹《み》るよりも明らかなる真理であります、世に「義戦」ありという説は今や平和の主を仰《あお》ぐキリスト信者の口に上《のぼ》すべからざるものであります、私自身は今は絶対的非戦論者であります。

しかし世には未《いま》だかくまでに断言することのできないキリスト信者があります、彼《かれ》らは戦争は悪事であるとは知りながら、時には神が戦争を是認《ぜにん》したまう場合があると信じております、彼らはその所信を強めるために旧約聖書の記事を引き来たります、またコロムウェル、ワシントンらの事蹟《じせき》を引照します、また戦争に勝《まさ》る悪事の在《あ》ることを説きまして、戦争はより小なる悪事であるといいてその決行を迫《せま》ります、しかしながらこれみな取るに足らざる議論であります。

一、旧約聖書が戦争を是認するゆえに今もなおこれを継続《けいぞく》すべしとの見解は全く聖書の精神を誤解《ごかい》するより来たる謬見《びゅうけん》であります、聖書は神の開発的自顕《じけん》を録《しる》した書でありまして、その始めより絶対的に神の聖意を顕《あらわ》したものではありません、神は戦争を是認して、これを旧約時代の勇者に許したもうたのではありません、「彼らの心の頑硬《かたくな》なるため」に彼らがその罪悪なるを覚《さと》り得るまで、いわばこれを黙許《もっきょ》したもうたのであります、ゆえに時到《いた》りて彼

開発的自顕　徐々《じょじょ》に自らを現すこと。
聖意　神のみこころ。

の愛子を世に送り、彼に平和の福音《ふくいん》を宣《の》べさせたもうにあたって、目にて目を償《つぐな》い歯にて歯を償えと言えることあるは爾《なんじ》らが聞きしところなり、しかれど我、爾らに告げん、悪に敵することなかれ、人、爾の右の頬《ほお》をうたばまた他の頬をも転《めぐら》してこれに向けよ、爾を訴《うった》えて裏衣《したぎ》を取らんとする者には外服《うわぎ》をもまた取らせよ、人、爾に一里の公役を強《し》いなばこれとともに二里ゆけ、爾に求むる者には予《あた》へ、借らんとする者を卻《しりぞ》くるなかれ（マタイ伝五章三十八―四十二節）。

こういう福音を宣べさせたまいました時に復讐《ふくしゅう》の精神とこれに伴う戦争とは絶対的に非認《ひにん》されたのであります、この宣言ありて以来は戦争は絶対的に悪事として認められたのであります、我儕《わがはい》は今や信仰《しんこう》や忠実については旧約時代のヨシュアやギデオンに学ぶべきでありますが、しかし戦争については少しも彼らに倣《なら》うてはなりません、戦争を絶対的悪事とみなすの一点においても我儕今日のキリスト信者は遥《はる》かにアブラハムやダビデの上に立つ者であります。

二、キリスト信者にして剣《つるぎ》を抜《ぬ》いた者も数限りありません、有名なる

ヨシュア　モーセのあとを継いだイスラエルの民の指導者。
ギデオン　イスラエルの民を率いて闘《たたか》った士師。
アブラハム　イスラエルの民の祖。
ダビデ　イスラエルの王。

られ、彼《かれ》の侮辱《ぶじょく》するところとなり、終《つい》に彼に殺されてしこうして後に自由は復活するものであります、これがキリスト教の根本的教義であります。この教義はコロムウェルがなんと言おうと、ワシントンがどう弁じようと決して斃《たお》るるものではありません、世の人の目には見えませんけれどもキリスト信者の目には瞭然《りょうぜん》たるべきことはこのことであります、人の自由は剣《つるぎ》をもって得られたものであると思うのは大いなるまちがいであります、自由は生命の犠牲《ぎせい》をもって得られたものであります、キリストを始めとしてヤコブ、パウロ、ペテロ等、すべてキリストの生涯《しょうがい》に倣《なら》いし者の無抵抗《むていこう》の流血をもって買われたものであります、コロムウェルやワシントンのエライのを彼らの抜《ぬ》いた剣において彼らの流した血の涙《なみだ》において求めない者は両雄の心事を覚《さと》らない者であります。

　戦争はコロムウェルの場合においても決して無害ではありませんでした、コロムウェルの理想は彼が血を流したゆえに彼の死後四百年後の今日に至るも未《いま》だ世に行われません、のみならず近ごろありし南阿《なんあ》戦争のごときにおいてすら、英国の主戦論者は例をコロムウェルに引いてかの二十世紀の大恥《ち》

南阿戦争　一八九九―一九〇二年、南アフリカの国々とイギリスとの間に行われた戦争。

辱《じょく》と称《しょう》せられる残忍《ざんにん》を極《きわ》めし南阿戦争を続けました、戦争は正義に達するための捷径《ちかみち》のようで実は極《ごく》の迂廻道《まわりみち》であります、自由と平和と独立と一致《いっち》とに達する最捷径《さいしょうけい》はキリストご自身のとられた途《みち》で、すなわち無抵抗主義であります、これは聖書が最も明白に示す主義でありまして、自称《じしょう》キリスト教国なるものが、この理想と相へだたる甚《はなは》だ遼遠《りょうえん》なるは実に嘆《たん》ずべきことであります。

武装せるキリスト教国？　そんな怪物《かいぶつ》の世に存在しようはずはありません、武装せるものはキリスト教国ではありません、武装せる者は強盗《ごうとう》であります、キリスト教国とは預言者イザヤの言に従い「剣をうちかえて鋤《すき》となし、その鎗《やり》をうちかえて鎌《かま》となし、国は国にむかいて剣をあげず、戦争のことを再び学ばざる」国でなければなりません（イザヤ書二の四）、聖書に照らしてみて英国も米国も露国《ろこく》も仏国《ふっこく》もキリスト教国ではありません、彼らは金箔《きんぱく》付きの偽善《ぎぜん》国であります。

三、もし戦争はより小なる悪事であって世には戦争に勝《まさ》る悪事があると称《とな》える人がありまするならばその人は自分で何をいうているのかを知らない人であると思います、戦争よりも大なる悪事は何でありますか、怨恨《えんこん》、嫉妬《しっと》、忿怒《ふんぬ》、兇殺《きょうさつ》、酔酒《すいしゅ》、放蕩《ほうとう》等のありとあらゆるすべての罪悪を一結したる戦争よりも大なる悪事が世にあるとならばその悪事はなんでありまするか、もし無辜《むこ》の人を殺さなければ達しられない善事があるとならばその善事はなんでありますか、「人の怒《いか》りは神の義を行う能《あた》わず」と聖書に録《ろく》してあります（ヤコブ書一の二十）、あしき手段をもって善《よ》き目的に達することはできません、殺人術を施《ほどこ》して東洋永久の平和を計らんなどいうことはもってのほかの事であります、平和は決して否《いな》決して戦争を透《とう》して来たりません、平和は戦争を廃《はい》して来たります、武器を擱《お》くこと、これが平和の始まりであります。

かかる明白なる理由のあることでありますれば私ども平和の主なるイエスキリストを主として戴《いただ》く者は絶対的に戦争に反対しなければなりません、私どもの額《ひたい》に印せられたるキリスト信徒の名称《めいしょう》が私どもを平和の唱導者《しょうどう》として世に紹介《しょうかい》するものであります、私どもは我が国人《くにびと》の良心に訴《うった》え、またわが国の将来を思い、また我が国と反対の地位に立ちキリスト教を標榜《ひょうぼう》するロシア人の偽善《ぎぜん》を責め、どこまでも非戦を主張しなければなりません、今やもし日

無辜の人　罪の無い人。

本と露国《ろこく》とが開戦するに至りますれば、これ世界の大事であります、そのために苦しむ者は日本人とロシア人とばかりではありません、それがために全世界の戦争をひき起こすに至って五大陸を修羅《しゅら》の街《ちまた》と化するに至るかもしれません、かかる大危険に臨《のぞ》むことでありますれば私どもは断然意を決し、神に頼《たよ》りその能力《ちから》を仰《あお》いでここにぜひとも開戦を喰《く》い止めなければなりません。

（明治三十六年九月二日記す）

修羅の街　恐《おそ》ろしい戦場。

解説

――信仰による義侠《ぎきょう》の人、内村鑑三

今《いま》高《たか》義《よし》也《や》

武士の子としての〈誓《ちか》い〉

内村鑑三は、江戸《えど》時代末期の一八六一（万延《まんえん》二）年に江戸にあった高崎藩《たかさきはん》（現在の群馬《ぐんま》県）の武士長屋に生まれました。その自伝の冒頭《ぼうとう》で内村は、自分の家が「武士階級」に属したことに言及《げんきゅう》し、「私は戦うために生まれた」と言い切っています。内村は終生、「日本武士」としての自覚をもって生きたキリスト者であったといってよいでしょう。

内村に限らず、近代日本の代表的キリスト者の多くは武士階級の出身でした。その理由について述べることはここでは省略しますが、当時、キリスト者として生きるということ自体が「戦う」ということと無関係ではありえなかったことは確かであり、（このことは後に触《ふ》れる「不敬」事件に端《たん》的《てき》に表れています）、その〈戦闘《せんとう》〉の指揮《しき》をとるリーダーたちが武士の血をひく人々であったということは、ある意味でふさわしいことであったのです。

内村鑑三は一八七七（明治十）年に札幌《さっぽろ》農学校に入学してまもなく、洗礼を受けてキリスト者としての歩みをはじめますが、農学校卒業にあたり、友人の新渡戸《にとべ》（当時は太田）稲造《いなぞう》らとともに〈自分の生涯《しょうがい》を「二つのJ」すなわちJesus（イエス・キリスト）とJapan（日本）とのために捧《ささ》げよう〉と誓《ちか》い合ったといわれています。「武士に二言《にごん》はない」との言葉どおり、内村のその後の生涯は、まさにこの〈誓い〉を果たすために費やされた〈戦闘の生涯〉であったということができます。

「不敬」事件

――そのとき、大声が聞こえてきた。

「諸君！　わが輩《はい》は内村君とは面識はないが、内村君が真の愛国者であることを知っている。今日偶然《ぐうぜん》ここを通りかかったが、もしも諸君がどうしても内村君をやっつけると言うのなら、よろしい、わが輩が内村君に代わって諸君のお相手をしよう！」

一八九一（明治二十四）年一月、重い流感にかかり病床《びょうしょう》にあった内村鑑三（当時三十一歳《さい》）は、自分をかばってくれるこの「大声」を聞いて、「神に感謝した」と伝えられています。

この数週間前、内村は、自分が勤める第一高等中学校で行われた「教育勅語奉読式《きょういくちょくごほうどくしき》」で、司式をした教頭が〈勅語に記されている天皇の署名に対して拝礼せよ〉と求めたのに対し、〈唯一《ゆいいつ》の神だけを神として礼拝する〉というキリスト者としての良心に従って「拝礼」を意味する最敬礼を避《さ》け、会釈《えしゃく》程度のお辞儀《じぎ》をするにとどめたのです。すると、〈きちんと礼をしなかった〉内村は天皇を敬わない「不敬漢《ふけいかん》」だ、日本人の風上《かざかみ》にもおけない「非国民《ひこくみん》」だという激しい非難の声が生徒や教員たちからあがり、やがてマスコミを通して日本中が大騒《さわ》ぎになってしまいました。これが、有名な「内村鑑三不敬事件」です。日ごろから「天皇の忠臣」を自任する内村にとってはまことに不本意な非難を浴びせられて、すっかり精神的にもまいっていたところに折悪《あ》しく流感が襲《おそ》い、内村は重い病床《びょうしょう》に伏《ふ》してしまいました。

ところが天皇を熱心に崇拝《すうはい》する人々は、内村のそのような状態に関係なく、しばしば怒《いか》りをあらわに内村の自宅にまでいやがらせをしに来たのです。そしてある日、ついに一団の暴漢が内村の名を口々にののしりながら屋内にまで乱入する形勢となり、内村が病床で死を覚悟《かくご》したそのとき、一人の男が「大声」を発して暴漢の前に立ちはだかったのでした。

真の愛国者

それは、日本柔道《じゅうどう》の大成者として知られる嘉納治五郎《かのうじごろう》（一八六〇—一九三八）だったといわれています。嘉納と内村とは、十四、五歳のころ通った東京英語学校で同窓でしたが、内村が札幌《さっぽろ》農学校に進んだのに対して、嘉納はそのまま東京帝国大学に進み、一八八二（明治十五）年に講道館《こうどうかん》を設立、このときは教育者としての見聞を広めるべく派遣《はけん》されたヨーロッパ視察旅行から帰国したばかりでした。

すでに引用したように、嘉納は暴漢たちに向かい、自分は「内村君が真の愛国者であることを知っている」と言って内村をかばったようです。おそらく嘉納は、以前から親しかった第一高等中学校長木下広次《きのしたこうじ》から、ヨーロッパからの帰国後早々に内村の事件のことを聞かされていたのでしょう（嘉納の帰国は、「不敬」事件からわずか一週間後でした）。木下校長は以前から、内村が愛国心に燃える誠実なキリスト者教員であることを認めていたので、今回の事件のことでは心を痛めていたのです（「不敬」事件の日、木下校長は病気で不在でした）。

嘉納は当時宗教にも関心を抱《いだ》いてヨーロッパに渡《わた》り、キリスト教が西欧《せいおう》文明において発揮《はっき》している〈実力〉を自分の目でたしかめてこようとしましたが、実際には西欧のキリスト教は形ばかりになってしまっており、実質的な力を失っているとの幻滅《げんめつ》を感じて帰国したようです。もしかしたら嘉納は、木下から内村の事件のことを聞かされて、かえってそこに気骨のある〈生きた信仰《しんこう》〉を感じ、また当然それが悪意から出たものではないことも理解して、内村に同情を寄せるようになったのかもしれません。なによりも嘉納自身、個人的な利害損得によらず、主義によって自分の身の振《ふ》り方を決する義侠《ぎきょう》心の厚い人物として知られていました。

とにかく、嘉納の気迫《きはく》が暴漢の怒りにまさったのでしょう、この嘉納の「義侠」の行為によって暴漢たちは退散し、内村はリンチによる生命の危険をまぬかれたのでした。しかしまもなく内村は「依願解嘱《いがんかいしょく》」というかたちで失職に追い込《こ》まれ、その後は仕事先をかえながら全国を転々とする不遇《ふぐう》の時代をしばらく過ごすことになります。

「天国」への開眼《かいがん》

この「不敬事件」をめぐる一連の不幸な経験は、いろいろな意味で内村鑑三という一人のキリスト者の全生涯《しょうがい》を決定づけるものとなってゆきますが、特に、心労の重なった妻かずが内村と同じ流感にかかり、まもなく亡《な》くなったことは、「人生」のもつ意味について、内村が改めて真剣《しんけん》に問い直す機会となったようです。

春の日に栄《さか》えの花の衣《ころも》きて心うれしく帰る故郷《ふるさと》

「妻の柩《ひつぎ》を送りて詠《よ》める」と題されたこの歌で内村は、亡くなる五日前にキリスト教の信仰《しんこう》を告白して友人の横井時雄《よこいときお》牧師から洗礼を受けた妻かずが、「栄えの花の衣」―すなわちキリストを信じた者に与《あた》えられる「義《ぎ》の衣《ころも》」をまとって、天の「故郷」すなわち天国に帰っていったことを、深いかなしみと感動を込《こ》めてうたっています。折しも葬儀《そうぎ》の日は桜の花が咲《さ》きにおう四月半ばの「春の日」でした。

それから数か月の後、内村はアメリカの友人に宛《あ》てて次のように書いています。「私たちがこの土くれの肉体を去るやいなや、永遠の発展が私を待っているのだ。死は、私たちのこの永遠につづく生の中では小さな一事件にすぎない」。この「天国」への開眼は、内村にとって先立った愛する者との再会の〈希望〉のよりどころになったばかりでなく、数々の不幸や苦しみに満ちた「現世《このよ》」(人生)の現実にくじけずに生きる〈勇気〉の源泉《げんせん》ともなっていきます。そして同時にそれはまた―内村に対して嘉納がしてくれたように—たとえたった独りになっても、危険を承知で少数の〈正しい者〉の側に立って戦う、〈信仰による義侠《ぎきょう》〉に身を投じる生涯への〈跳躍台《ちょうやくだい》〉でもありました。

講演「後世への最大遺物」

「後世への最大遺物」は、一八九四（明治二十七）年七月に箱根《はこね》の芦《あし》ノ湖畔《こはん》で行われた、学生キリスト者の修養会における講演です。このころの内村は、関西を転々とした後、ようやく京都に腰《こし》をおちつけ、著作活動で身を立てていこうとしていましたが、キリスト教の本は当時もあまり売れず、経済的には大変苦しい生活を強《し》いられていました。新しい妻しづと、まだ生後四か月の娘《むすめ》ルツを京都に残しての出張講演でした。

講演冒頭《ぼうとう》、内村はしゃれをとばしながら（「この講師が嚆矢《こうし》」10ページ）、「先例を破って」腰掛《こしか》けて講演する自分を「破壊党《はかいとう》」と呼んで聴衆《ちょうしゅう》を「大笑」させたりしています（いうまでもなくこれは、「不敬」事件で自分がすっかり有名になったことを踏《ふ》まえたユーモアです）。このような非常に生き生きとした語り口がこの講演の魅力《みりょく》の一つであり、読者も聴衆の一人になって、講演にどんどん引き込まれてゆきます。

人生「予備学校」論

この講演がなされた「夏」は、先に述べた「不敬」事件からまだ三年半しか経過しておらず、実際それゆえの困窮《こんきゅう》した生活のただ中に置かれていたはずなのに、内村の口調には一貫《いっかん》して不思議な

そして一九〇三（明治三十六）年六月、日露《にちろ》開戦論が声高に叫ばれるさなか、内村は名高い「戦争廃止《はいし》論」（169ページ）を発表し、〈絶対的非戦主義〉の立場をはっきりと打ち出したのです。「世の正義と人道と国家とを愛する者よ、来《き》たって大胆《だいたん》にこの主義に賛成せよ」。内村にとって非戦論の唱道は、「少数の正義」の側に立ち、劣勢《れっせい》を省《かえり》みず「主義」を貫く、まさに〈信仰《しんこう》による義侠《ぎきょう》〉の実践《じっせん》にほかなりませんでした。

講演「失望と希望」と二つのJ

これに先だって、内村は同年二月に講演「失望と希望―日本国の先途《せんと》」を発表しています。その冒頭《ぼうとう》と末尾《まつび》には先に触《ふ》れた〈イエス（Jesus）と日本（Japan）すなわち「二つのJ」のために自らの生命と生涯《しょうがい》をささげる〉とのかつての〈誓《ちか》い〉が再唱されていて、「愛国的キリスト者」内村の面目をよく示しています。その前半では〈罪〉にまみれた現実の日本への激しい「失望」と警告が語られ、後半では神と（少数の）よき人民と国土とに日本の「希望」の根拠《こんきょ》を求め、自分は今「希望をもって種を蒔《ま》いている」のだと言い切っています。そしてたとえ自分が「嘲笑罵詈《ちょうしょうばり》のうちに私の一生を終わる」としても、「私はこの短き私の生涯を、この日本国を永久に救うその準備のために費《つい》やすことができたのを非常にありがたく感じます」。ここにも、「永遠」を視野に入れた人生観と、究極的には日本も世界も神の御手《みて》の中にあり、悪しき者が亡《ほろ》びて後に日本も必ず「永久の基礎《きそ》」の上にすえられるであろうとの信仰に基づく希望が大胆《だいたん》にうたいあげられています。

思うに、ここには〈もう一組みの「二つのJ」〉が語られているといえるでしょう。それはすなわち、堕落《だらく》した滅ぶべき〈現実のJapan〉と、イエスにあって「永遠」に栄える希望に満ちた〈未来のJapan〉です。この〈二つのJapan〉への激しい「失望」とゆるぎない「希望」のはざまから、さきの「戦争廃止論」も生まれているのです。

無抵抗《むていこう》主義による絶対的非戦―「平和の福音《ふくいん》」

「戦争廃止論」から三か月後、内村は「絶対的非戦主義」をキリスト者の立場から本格的に論じた講演「平和の福音」を公にしました。この中で内村は、戦争は「あらゆるすべての罪悪を一結《いっけつ》した」ものであり、「殺人術を施して東洋永久の平和を計らんなどいうことはもってのほか」であると断じています。そして「無抵抗主義」に徹《てっ》して十字架《じゅうじか》につけられたキリストにならうことが唯一《ゆいいつ》の平和実現への道であるとして、この点に関しては、彼が敬愛してやまなかった「コロムウェル」にもならってはならないと明言します。

このように、内村の「非戦論」の唱道は、「少数の正義」の側に立ち戦う〈信仰による義侠〉の断固たる実践の一つとみることができますが、そのいき方の基本は「無抵抗主義」にあったということが、ひとつの特徴《とくちょう》といえます。それは内村にとって「聖書が明白に示す主義」にほかなりませんでした。次の言葉は、かつて「不敬」事件において信仰の「自由」のための「犠牲《ぎせい》」となった自らの体験を背後にもっているとみてよいでしょう（179ページ）。

自由は自由の敵をたおして得らるるものではありません、その敵に擒《とりこ》にせられ、彼の侮辱《ぶじょく》するところとなり、終《つい》に彼に殺されてしこうして後に自由は復活するものであります、これがキリスト教の根本教義であります。（中略）人の自由は剣《つるぎ》をもって得られたものであると思うのは大いなるまちがいであります、自由は生命の犠牲《ぎせい》をもって得られたものであります、（後略）

「平民詩人」への共鳴—「詩人　ワルト・ホイットマン」

しかし、日本は日露戦争においても勝利を収めました。社会も教会も戦勝の歓喜に沸《わ》く日本で、非戦を唱えた内村は「不敬」事件のときと同様にただ独り「主義の人」として立ち続けます。そんな内村の心に、ワルト・ホイットマンは非常に魅力《みりょく》的な詩人として立ち現れてきたようです。

アメリカの詩人ワルト・ホイットマンは、一八一九年ニューヨーク郊外《こうがい》に生まれ、一時は政治の世界に身を投じましたが、現実のアメリカ社会に大いに失望し挫折《ざせつ》、一八五五年に詩集『草の葉』を出して自己の理想を歌い上げ、型破りの詩人として登場しました。当初は認められませんでしたが、やがて雄大《ゆうだい》な詩想をもつ預言者的な詩人として不動の地位を確立してゆきます。一八九二年に亡くなりましたが、まだ学生だった夏目漱石《なつめそうせき》は、同じ年に論文でいち早くホイットマンを紹介《しょうかい》しています。

内村鑑三がホイットマンについて注目し始めたのは一八九七（明治三十）年ごろと思われますが、

非戦論を公にした一九〇三（明治三十六）年十月にも自らの主宰《しゅさい》する雑誌「聖書之《の》研究」誌上にホイットマンの詩「死に臨《のぞ》んで余《よ》の霊魂《れいこん》に告ぐ」を引用、翻訳《ほんやく》しています。

歓《よろこ》べよ、同船の伴侶《とも》よ、歓べよ、
（余は喜んで死に臨んで余の霊魂に斯《か》く告げぬ）
我等《われら》の生命は終わりぬ、我等の生命は始まりぬ、
永《なが》の、永の間の碇泊地《ていはく》を我等は去らんとす、
船は終《つい》に纜《ともづな》を断てり、我心《わが》が飛立《とびた》つなり、
彼女《かのじょ》は岸を離《はな》れて速《すみや》かに進むなり、
歓べよ、同船の伴侶よ、歓べよ。

内村はこれを引用した後で、「これは死の声ではありません、栄転の祝賀の声であります。」と述べています。この詩にみられるように、「永遠」の世界への希望に生きる「嬉々《きき》的人生観」を根底にもち、「拝金宗の米国」の中にあって理想をうたい続けた詩人として、内村はホイットマンに深い畏敬《いけい》と共感を覚えずにはいられなかったのです。それは、戦勝におごってアメリカ同様「神と自由を求めずして土と金を求む」近代日本に背を向けて「独り立つ」内村にとり、力づよい励《はげ》ましでもあったことでしょう。

内村の論文「詩人　ワルト　ホイットマン」は、そのような内村のホイットマンへの敬慕《けいぼ》から生み

出された熱のこもった詩人論で、はじめは一九〇九（明治四十二）年一月に「聖書之《の》研究」の特別号『櫟林集《らくりんしゅう》』に収められましたが、一九一四（大正三）年四月『平民詩人』に再録されて読者を広げ、多くのホイットマン信奉者を生み出しました。武者小路実篤《むしゃのこうじさねあつ》も、その一人です。

実際的非戦主義―「デンマルク国の話」

一九一二（明治四十五）年一月、内村は人生最大の試練に見舞《みま》われます。娘《むすめ》のルツが十八歳《さい》の若さで世を去ったのです。このできごとも、内村の「天国」への希望を一層《いっそう》確かなものにすることになるのですが、前年十月、容体が悪化したルツの看病におわれ聖書講義の準備が十分できず「今日は少し此世《このよ》の事についてお話」する、ということで語られたのがこの「デンマルク国の話」でした。戦争に破れ大切な土地を奪《うば》われた小国デンマークが、植林によって国を立て直したという実話を紹《しょう》介《かい》したこの講演は、一九一三（大正二）年には小冊子《さっし》として刊行され、『後世への最大遺物』とともに長く愛読され、多くの人々に勇気と希望を与《あた》え続けてきました。

特にダルガス親子が信仰《しんこう》による不屈《ふくつ》の精神で植林を推し進めたこと、また彼《かれ》らが武力による復《ふく》讐《しゅう》戦を計画せず「剣をもって失った物を鋤《すき》をもって取り返さんとした」ことに注目しています。これは内村にとっては先に触れた「無抵抗主義」に基づく平和主義の実践《じっせん》例であり、内村自身これを「実際的非戦主義」と名づけています。その単行本の広告には次のように書かれました。

兵を用いず侵略《しんりゃく》を事《こと》とせず、樹木と信仰とをもって一国を救いし美談なり。邦土《ほうど》の狭《せま》きはもって歎《たん》ずるに足らず。神と天然とに依《よ》りて小国もまた富強を致《いた》すを得《う》べし。この小著けだし大真理をもたらすものなるべし。読者諸君の之《これ》を用いて、広く我《わが》国に実際的非戦主義を唱道せられんことを冀《こいねが》う。

損になっても立てた誓いは変えない

以上、一九三〇（昭和五）年に世を去る内村鑑三のいわば前半生の言論活動を、本書収録の文章の背景をたどりながら概観《がいかん》してきました。内村の〈信仰による義侠《ぎきょう》〉の実践は他にも数多くありますが、なかでも足尾鉱毒被害民《あしおこうどくひがいみん》救済運動に挺身《ていしん》する田中正造《たなかしょうぞう》を支援する活動は重要です。

この間、内村は一九〇一（明治三十四）年に雑誌「無教会」を発行するなど、みずからの主宰する聖書研究会のメンバーや「聖書之研究」誌読者らの交流を目的にひとつの集団を形成してゆきます。これが、こんにちも日本のキリスト教界に存在する「無教会」グループの源流《げんりゅう》です。

娘ルツを天に送った内村は、いよいよ天国の希望に立って聖書の研究に打ち込んでゆきますが、その後半生における重要な活動に「キリスト再臨運動」があります。ここではそれに詳しくふれることはできませんが、この「再臨運動」は、「二つのＪ」のために〈信仰による義侠〉に生きようとする内村が、その後半生にいたって立つことを決断した、新たな立場を示しています。

重要なことは、内村にとって、「二つのＪ」のために生きるということが、〈日本人である〉とか〈キリスト者である〉ということから〈自動的〉に営まれるものではなく、絶えず「少数の正義」の側に立つことを選択《せんたく》し決断しながら生きるということを意味したということでしょう。内村にとって自らが仕えるべき Japan とは、あるときは日清戦争で夫を失った寡婦《かふ》であり、また足尾銅山の被災《ひさい》民であり、また Jesus とは、あるときには小国朝鮮であり、またときにはアフリカの国々でもあったでしょう。もちろん、「正義」がいずれの側にあるかを見極《きわ》めるのは決して容易なことではなく、内村は絶えず神に祈り、試行錯誤《さくご》しながら、そのつど自らの立場を決してゆくしかありませんでした。かつて「日清戦争の義」を主張した内村が、日露戦争開戦前夜に絶対的非戦主義の立場へと転じたとき、彼《かれ》がためらうことなく次のように言明していることは注目すべきことです（178ページ）。

日清戦争の時に日本の「義」を英文に綴《つづ》って世界に訴《うった》えた者は私でありました。私は今はその時の私の愚《ぐ》と不信を恥《は》じてやみません、私はこの事に関してひとえに神の赦免《しゃめん》を祈《いの》ります

このようにして内村は、自らの一生を、「天国」を指し示す「勇ましい高尚《こうしょう》な生涯《しょうがい》」として「後世」に残すことを、生涯追求し続けました。自らの立つべき「少数の正義」がいずれの側にあるのかの判断については、ときに迷い誤ることもありましたが、それをそのつど率直に恥じ、いさぎよく《く》悔いて神に赦《ゆる》しを求め、再び新たに「正義」のために立ち上がる。そこに、〈信仰《しんこう》による義侠《ぎきょう》〉の人、内村鑑三の面目があります。旧約聖書詩篇の次の言葉は、そのような内村の生涯と響《ひび》きあうように思われてなりません。

主よ。

だれが、あなたの幕屋に宿るのでしょうか。
だれが、あなたの聖なる山に宿るのでしょうか。
正しく歩み、義を行い、
心の中の真実を語る人。
その人は舌をもってそしらず、
友人に悪を行わず、
隣《とな》り人への非難を口にしない。
神に捨てられた人を、その目はさげすみ、
主をおそれる者を尊ぶ。
損になっても、立てた誓《ちか》いは変えない。

——詩篇十五篇一〜四節

今、読まれるべき言葉

富《とみ》岡《おか》幸《こう》一《いち》郎《ろう》
（文芸評論家）

内村鑑三は、一八六一年（文久元年）に江戸《えど》（東京）に生まれた。明治、大正そして昭和のはじめまでの、日本の近代化の歩みのなかで、キリスト教の信仰《しんこう》に基《もと》づき、さまざまな言論活動を展開した。亡くなったのは、一九三〇年（昭和五年）であったから、その生涯《しょうがい》は、明治維新《いしん》（一九六八年）のただなかから、昭和六年の満州事変《まんしゅうじへん》にはじまる十五年戦争（昭和二十年八月の日本の太平洋戦争の敗北までの十五年）の前年まで、日本の「近代」のまさに激動の歴史を同時代として生きたといっていいだろう。

私自身が内村鑑三の著作に接したのは、二十歳《さい》代の後半であった。それまで内村鑑三という名前だけは知っていたが、正直いってどのようなことをした人物なのか、よくはわからなかった。

実際、内村鑑三の著述は多岐《たき》にわたる。キリスト教に関するものを中心に、科学、歴史、地理、天文学、文学などがあり、そこから宗教家、伝道者、無教会主義の創始者（内村はキリスト教の教会に入らず、独立した聖書講演会をなし、そのグループは「無教会」派と呼ばれた）、文明批評家といった、実に多面的な内村像がこれまでも語られてきた。つまり、一種の「万能の天才《ユニバーサル・ジニアス》」としての内村鑑三である。

私もまた内村という人は、近代日本における、そのような〝偉人《いじん》〟の一人だと思い込《こ》んでいたのであった。

しかし、その著作を読んでいくうちに、私はこの人物のイメージをおおきく変えなければならなくなった。

たとえば、彼の次のような言葉にふれたときの驚《おどろ》きを、私は今もよく覚えている。大正八年、内村五十八歳のときの文章である。

《余《よ》は著述家ではない、説教師ではない、文学者ではない、哲学《てつがく》者ではない、科学者ではない、教育者ではない、慈善《じぜん》家ではない、然《しか》り義人《ぎじん》ではない、善人ではない、勿論《もちろん》聖人ではない、世に認められるべき何者でもない、余はクリスチャンである、キリストに依頼《よりたの》む者である、彼の十字架《か》を仰《あお》ぐより他《ほか》に何の芸も才も徳もない者である》

（「十字架の信仰《しんこう》」）

自分は世の中に「認められるべき何者でもない」。これは一体どういうことなのだろうか。内村鑑三は多くの著作を遺《のこ》し、同時代の人々に、そして後世の人々にもおおきな影響《えいきょう》と感化を与《あた》えてきた人物ではないのか？　彼はそれとも自分のやってきた仕事を自己否定しているのだろうか？　いや、そんなはずはない。

この答えは、この文章の次の言葉のうちにある。すなわち、「余（私）はクリスチャンである」。「クリスチャン」——いうまでもなく、新・旧約聖書があかししているイエス・キリストという存在を信ずるキリスト者ということだ。

イエス・キリストとは誰《だれ》か。二千年前にイスラエルの地にあって、旧約聖書のなかで預言《よげん》されていた（あらかじめ語られていた）、ユダヤ民族の救い主（メシア）がこの地上に出現し、人間と同じ肉体をもって、神の救いの活動と奇跡《きせき》をおこなったその存在が、イエス・キリストである。そして、新約聖書はそのキリストの生涯と救いの活動について具体的に、それが現実として起こったことであることを告げている。ユダヤ人の宗教家の反発をかったイエスは十字架の上で殺されたが、三日後に復活し、そのよみがえった姿を弟子たちの前に現した。死者の復活——その決してあり得ないことが、地上で現実に起こったとき、弟子たちはこのイエスという方《かた》こそ、まことの救い主であることを知った。キリストとは、ギリシャ語で「救い主」（ヘブライ語でメシア）という意味である。イエス・キリストの信仰はここにはじまり、それはただユダヤ人の救い主としてではなく、全世界の、全《すべ》ての人々の救い主として信ぜられるようになった。キリスト教が、そこに誕生したのである。

江戸時代の二百数十年余ものあいだ、日本ではキリスト教（当時は耶蘇《ヤソ》教といった）は、幕府の体制の維持《いじ》のために禁じられていた。ヤソ教は徹底《てってい》した弾圧《だんあつ》を受けたのである。しかし、明治になり、西洋諸国の到来《とうらい》にたいして国を開いた日本は、否応《いやおう》なくキリスト教も受け入れることにしたのである。

内村鑑三は若くしてこのキリスト教にぶつかり、聖書を読み、そのなかにどのような哲学にもまさる真理があることを知った。札幌《さっぽろ》農学校においてクラーク博士の影響《えいきょう》下にクリスチャンとなった第一期生の先輩《せんぱい》から、キリスト教に入信することをすすめられたのである。以後、彼はキリスト者としての生涯を貫く《つらぬ》。「余《よ》はクリスチャンである。キリストに依頼《よりたの》む者である」とは、内村が自分の一生を貫く最も根本的なものが何であるかを告白した言葉に他《ほか》ならない。

先ほどもいったが、明治になって、西洋の文明・文化が入ってきたことで、キリスト教も受け入れられるようになった。信教の自由は表面的に認められたかのようだった。しかしながら、現実にはそうではなかった。明治政府のつくりあげようとしていた近代日本の国家は、キリスト教の信仰《しんこう》を直接に弾圧《だんあつ》の対象にはせずとも、その本質を拒絶《きょぜつ》し、日本人としてキリスト教徒であることは、必然的に少数者であることをしいられたのである。

内村鑑三は、そのような近代日本の社会のなかで、「少数派」であることの孤立《こりつ》のうちにあったのではなく、むしろ独立した人間として、自立せる一人の日本人として、臆《おく》することなく、社会にむかって発言し行動した。その力強い言葉は、多くの人々によって受け入れられ、そのキリスト教信仰は近代日本人にとってきわめて重要なメッセージとなった。

彼の一生は、その意味では近代日本の国家や政府がさだめた価値観のなかでは、「認められるべき何者」でもなかったといっていいだろう。しかし、だからこそ、内村の言動は、日本の社会にとって痛切な意味をもった。なぜなら、西洋文明や技術をただ表面的に受け入れ、物質的に強い「国」となることばかりにかまけていた近代日本にとって、キリスト教信仰に支えられた精神の、その魂《たましい》の言葉は、鋭《するど》い批判的な問いとなったからである。そして、その本質的な問いかけは、今のわたしたちにも向けられている。いや、今日の日本人ほど、内村鑑三の言葉と精神を必要としているものはないだろう。

付記

一、本書本文の底本として用いたものは、次のとおりです。
『後世への最大遺物』＝『内村鑑三著作集』第十六巻（一九五三、岩波書店刊）
『デンマルク国の話』＝『内村鑑三全集』第十九巻（一九八二、岩波書店刊）
『詩人ワルト ホイットマン』＝『内村鑑三全集』第十六巻（一九八二、岩波書店刊）
『失望と希望』『戦争廃止論』『平和の福音』＝『内村鑑三全集』第十一巻（一九八一、岩波書店刊）

二、本書本文中には、今日の人権意識に照らして、不適当な表現が用いられていますが、原文の歴史性を考慮してそのままとしました。

三、本書本文の表記は、このシリーズ散文作品の表記の方針に従って、次のようにしました。
㈠ 仮名遣いは、引用された韻文箇所を除き、「現代仮名遣い」とする。
㈡ 送り仮名は、現行の「送り仮名の付け方」によることを原則とする。
㈢ 底本の仮名表記の語を漢字表記には改めない。
㈣ 使用漢字の範囲は、常用漢字をゆるやかな目安とするが、仮名書きにすると意味のとりにくくなる漢語、および固有名詞・専門用語・動植物名は例外とする。
㈤ 底本の漢字表記の語のうち、仮名表記に改めても原文を損なうおそれが少ないと判断されるものは、平仮名表記に改める。

四、小学校で学習する漢字の音訓以外の漢字の読み方には、見開き初出ごとに読み仮名をつけました。

《監　修》
浅井　清　（お茶の水女子大学名誉教授）
黒井千次　（作家・日本文芸家協会理事長）

《資料提供》
日本近代文学館・ＰＡＮＡ・オリオンプレス

デンマルク国《こく》の話《はなし》ほか　読んでおきたい日本の名作

2003年7月5日　初版第1刷発行

著　者　内村《うちむら》　鑑三《かんぞう》
発行者　小林　一光
発行所　教育出版株式会社
〒101-0051　東京都千代田区神田神保町2-10
電話　(03)3238-6965　FAX　(03)3238-6999
URL　http://www.kyoiku-shuppan.co.jp/

ISBN 4-316-80029-9　C0395
Printed in Japan　印刷：神谷印刷　製本：上島製本

読んでおきたい日本の名作

●第一回配本

『宮沢賢治詩集』宮沢賢治Ⅰ　注・解説　大塚常樹　エッセイ　岸本葉子

『最後の一句・山椒大夫ほか』森鷗外Ⅰ　注・解説　大塚美保　エッセイ　中沢けい

『現代日本の開化ほか』夏目漱石Ⅰ　注・解説　石井和夫　エッセイ　清水良典

『羅生門・鼻・芋粥ほか』芥川龍之介Ⅰ　注・解説　浅野洋　エッセイ　北村薫

『デンマルク国の話ほか』内村鑑三　注・解説　今高義也　エッセイ　富岡幸一郎

●次回　第二回配本

『萩原朔太郎詩集』萩原朔太郎　注・解説　堤玄太　エッセイ　香山リカ

『山月記・李陵ほか』中島敦　注・解説　佐々木充　エッセイ　増田みず子

『照葉狂言・夜行巡査ほか』泉鏡花Ⅰ　注・解説　秋山稔　エッセイ　角田光代